言語の記述と分析

伊藤 晃 著

大学教育出版

はしがき

　本書は、筆者がこれまでに大学紀要、雑誌、研究会誌等に発表した論文のうち、記述言語学の立場から様々な言語事象を分析した論考をまとめたものである。分析対象とした言語事象は、指示表現による属性付与、指示表現における意味の希薄化、構造上の主従関係と意味上の主従関係の不一致、分裂文、日本人英語、前置詞句と後置詞句である。

　第1章では、ソ系指示詞を考察対象とし、テキスト的意味の付与、トピックとの関連性の標示、代行指示等の機能を明らかにし、主節との因果関係を表す非限定的修飾節や被修飾名詞句の内容を限定する内容節との関係を考察する。

　第2章においては、日本語のソ系指示詞を含む表現が接続詞として機能したり、強意副詞として振る舞ったりする現象を取り上げ、指示詞を含む言語表現がその実質的な意味ないしは指示性を失い、機能語化する現象が考察される。

　第3節では、"NP is that 〜" "There is NP that 〜" "NP has it that 〜" といった形式を持つ複文に見られる構造上の主従関係と意味上の主従関係の不一致について分析する。

　第4章においては、前提部分が「は」でマークされた分裂文と「が」でマークされた分裂文を考察対象とし、両構文の機能の違いを構文レベルおよび談話レベルで明らかにする。

　第5章では、誤用分析の観点から日本人の英語の形態レベルおよび統語レベルで観察される特徴について述べる。

　第6章では、英語の前置詞句と日本語の後置詞句を考察対象として、その名詞性と動詞性を中心に議論を展開する。

　本書を出版するにあたっては、筆者の勤務校である北九州市立大学の2023年度学長選考型研究費B（出版助成）を受けていることを記しておく。

　株式会社大学教育出版の佐藤守氏と社彩香氏には、本書の出版に際して大変お世話になりました。記して心よりお礼申し上げます。

　2023 年 11 月

伊藤　晃

言語の記述と分析

目　次

はしがき ……………………………………………………………*i*

第**1**章　指示表現による属性付与 ……………………………… *1*

1. 先行研究　*2*
2. 代行指示の可能性　*5*
3. 「テキスト的意味の付与」および「トピックとの関連性の標示」の可能性　*6*
4. 非限定的修飾節に相当する「そんな」　*7*
5. 内容節に相当する「そんな」　*13*
6. 「その」によるテキスト的意味の付与と「そんな」の非限定的修飾節的機能　*18*
7. 1章のまとめ　*19*

第**2**章　指示表現における意味の希薄化をめぐって ………… *21*

1. 指示表現の接続詞化　*22*
2. 指示表現の強意副詞化　*36*
3. 2章のまとめ　*39*

第**3**章　構造上の主従関係と意味上の主従関係の不一致をめぐって ……………………………………………… *43*

1. いわゆる主節現象について　*44*
2. "NP is that S"構文についての分析　*46*
3. There is NP that S構文　*52*
4. NP has it that S構文について　*56*
    4.1　NPに関する制約　*56*
    4.2　主節部分の動詞の形態　*59*
    4.3　主節の挿入節化　*60*

5. 3章のまとめ　*61*

第**4**章　日本語の2つのタイプの分裂文をめぐって …………*63*

1. 構文レベルにおける違い　*64*
2. 談話レベルにおける違い　*67*
   2.1 「は」分裂文の談話における機能　*68*
   2.2 「が」分裂文　*71*
3. 4章のまとめ　*76*

第**5**章　誤用分析の観点から見た日本人の英語の形態的・統語的特徴 ………………………………………………*79*

1. 冠詞　*79*
   1.1 冠詞の脱落　*79*
   1.2 冠詞の取り違え　*82*
   1.3 不必要な冠詞の使用　*84*
2. 名詞の複数形　*86*
3. 三人称単数の"s"の脱落　*86*
4. 比較級　*87*
5. 主語の脱落　*87*
6. 「ハ」でマークされた名詞　*88*
7. 受動文　*88*
8. 動詞の自・他の混同　*90*
9. コピュラ文　*92*
10. 「AのB」　*92*
11. 「～する」="do ～"　*93*
12. 名詞修飾節　*93*
    12.1「内の関係」と「外の関係」　*93*
    12.2 制限的用法と非制限的用法　*96*

13. 述語のタ形　*97*

14. 現在完了　*97*

15. 存在文　*98*

16. 複数の誤りを含む誤用例　*98*

17. 数量詞の遊離　*101*

18. 移動制約　*101*

19. 隣接性　*102*

20. 主語と助動詞的要素の倒置　*103*

21. ５章のまとめ　*103*

第**6**章　前置詞句と後置詞句をめぐって ……………………… *105*

1. 前置詞句と後置詞句の名詞性について　*105*

　1.1　主語になれる前置詞句　*106*

　1.2　動詞の目的語になる前置詞句　*107*

　1.3　前置詞の目的語になる前置詞句　*111*

　1.4　前置詞句と不定詞　*122*

　1.5　日本語の後置詞句の名詞性について　*127*

2. 前置詞句と後置詞句の動詞的性格　*131*

3. ６章のまとめ　*134*

引用・参考文献 ……………………………………………………… *136*

■　凡　例　■

例文における各記号の意味は以下のとおり。

1.「#」：談話の冒頭であることを示す

2.「＊」：非文であることを示す

3.「？」：不自然な文であることを示す

4.「？？」：「？」よりも不自然さの度合いが高いことを示す

5.「φ」：要素が存在しないことを示す

言語の記述と分析

第**1**章

指示表現による属性付与

　いわゆるソ系指示詞が名詞の直前位置に現れる場合には、「その＋名詞」以外に「そんな＋名詞」の形も可能である。以下の例では、「その」と「そんな」が普通名詞、抽象名詞、固有名詞に付加されており、文法的に容認可能な文を形成している。

①　a.　昨日行った散髪屋さんは、カットも上手だけど、シャンプーやマッサージが丁寧でとても良かったよ。
　　b.　ぼくもその／そんな散髪屋さんに行ってみたいな。

②　a.　花子は保険金殺人の容疑で警察に追われているらしいよ。
　　b.　その／そんな話は信じられないな。

③　太郎は気が弱く人前で話すことが大の苦手だった。その／そんな太郎がスピーチコンテストで優勝するなんて信じられない。

　しかしながら、次の④〜⑥においては、「その」が使用された文は自然であるが、「そんな」が使用された文は容認されない。

④　a.　ぼくが学生の頃によく行った散髪屋さんは、カットも上手だけど、シャンプーやマッサージが丁寧でとても良かった。
　　b.　その／＊そんな散髪屋さんなら、去年店をたたんだよ。

⑤　a.　花子は保険金殺人の容疑で警察に追われているらしいよ。
　　b.　その／＊そんな話をマスコミに流そう。

⑥　国連抜きの「平和の強制」を主張した人々の中に小泉首相やブッシュ大統領がいた。その／＊そんな小泉首相が国連重視を訴えても説得力に欠ける。

　さらに、以下の例では、先の④〜⑥とは異なり、「そんな」が使用された文

が自然であるのに対して、「その」が用いられた文は容認されない。

⑦　情報をかき集めて、不要なら消せばいい。デジタル社会の<u>そんな</u>便利
　　さに慣れ過ぎた。　　　　　　　　　　　　（毎日新聞 2004 年 6 月 6 日）

⑧　情報をかき集めて、不要なら消せばいい。？デジタル社会の<u>その</u>便利
　　さに慣れ過ぎた。

⑨　きゃあ、とか、ひゃあ、とか、<u>そんな</u>悲鳴をあげながらしばらくは
　　しゃいで、ジルはもどってきた。　　　　（江國香織『こうばしい香り』）

⑩　きゃあ、とか、ひゃあ、とか、＊<u>その</u>悲鳴をあげながらしばらくは
　　しゃいで、ジルはもどってきた。

　本章の目標は、このような振る舞いの違いを見せる「その」と「そんな」の
機能を明らかにすることである。以下で明らかになることではあるが、両言語
形式の働きを理解するためには、文レベルの分析だけでは不十分であり、談話
レベルにおいて先行文脈との関係を注意深く観察することが肝要となる。

1. 先行研究

　本節では、「その」と「そんな」を分析する際に参考となると思われる先行
研究として、木村（1983）と庵（1994）を取り上げる。

　木村（1983）は、以下に見られるような「こんな／この」の後方照応につ
いて議論している。

⑪　<u>こんな</u>夢を見た。腕組みをして枕元に座って居ると、仰向けに寝た女
　　が、静かな声でもう死にますと云ふ。

⑫＊<u>この</u>夢を見た。腕組みをして枕元に座って居ると、仰向けに寝た
　　女が、静かな声でもう死にますと云ふ。

⑬　わかりました。<u>このこと</u>は信じていただきたいと思いますけれど、国
　　近を殺したのは、わたくしではございません。

⑭　わかりました。＊<u>こんなこと</u>は信じていただきたいと思いますけれ
　　ど、国近を殺したのは、わたくしではございません。

　⑪、⑫では、「こんな」による後方照応は可能であるが、「この」による後方

照応は不可能である。これに対して、⑬、⑭では、逆に「この」による後方照応が許容され、「こんな」による後方照応は容認されない。

　木村（1983）の関心は、あくまでも「この」と「こんな」の文脈照応の問題にあるが、両言語形式の基本的な意味・機能上の違いについて、以下のように述べている。同氏によれば、「こんな」は、指示詞一般が担う“境遇的”deicticな関係的概念に加えて、佐久間（1936）において「性状」と呼ばれ、あるいはまた時枝（1950）において「情態」と呼ばれるところの実質的概念をも担うものであり、その実質的概念を仮に「さま」と呼ぶことにすると、「こんな」とはすなわち「さま」を指示し、同時に「さま」を表す指示詞であるといえるとのことである。これに対して、「この」は、それ自身いかなる実質的概念も担わず、ただ後に来る名詞によって表される事物（すなわち実質的概念）を単に指示する機能しかもたない、という。すなわち「この」自らは表す対象をもたず、それはもっぱら、その係り先の名詞が表す対象を境遇的に限定する機能をもつのみである。木村（1983）であげられている以下の例を見てみよう。

　　⑮　先生、<u>この</u>本が出ましたよ。
　　⑯　先生、<u>こんな</u>本が出ましたよ。

　⑮において、「この」は、眼前の物理的実体としての「本」そのものを直示している。このような「この」の機能を同氏は「指（示限）定の連体」と呼んでいる。一方⑯においては、「こんな」は「本」そのものを直示しているわけではなく、その本の内容であるとかあるいは表紙の体裁などといったような何らかの「さま」を指向している。こういった「こんな」の機能を同氏は「修飾の連体」と呼んでいる。

　次に、庵（1994）による「この」と「その」の分析を見ていこう。庵（1994）によれば、「その」「この」は、話者がテキスト内で、先行詞を「どのように捉えているか」を標示するマーカーである。「その」は、先行詞を「定情報名詞句（テキスト内で再度言及された名詞句）へのテキスト的意味の付与」という観点から捉えていることをマークする。以下の例において＃は、当該の言語形式の使用が意味的に不自然であることを示している。

⑰　順子は「あなたなしでは生きられない」と言っていた。その／♯この
　　／♯φ順子が今では他の男の子供を 2 人も産んでいる。

　本例において、「その順子」は、「『あなたなしでは生きられない』と言って
いた順子」と解釈され、「『あなたなしでは生きられない』と言っていた」とい
うテキスト的意味が付与されていると考えられる。

　一方、「この」は、先行詞を「テキストのトピックとの関連性」という観点
から捉えていることをマークするとされている。次の⑱では、「この」が定性
（definiteness）のみをマークしている。

⑱　私はコーヒーが好きだ。この／♯その／♯φ飲物はいつも疲れを癒し
　　てくれる。

　さらに、次の⑲では、「この」によって、定情報名詞句がテキストのトピッ
クと強い関連性を持っていることが示されている。

⑲　名古屋・中村署は、殺人と同未遂の疑いで広島市内の無職女性（28）
　　を逮捕した。調べによると、この／♯その／φ女性は 20 日午前 11
　　時 45 分頃名古屋市内の神社境内で、二男（1）、長女（8）の首を絞め、
　　二男を殺害した疑い。

　庵（1994）によれば、「その」による「先行詞を定情報名詞句へのテキスト
的意味の付与という観点から捉えている」という捉え方と「この」による「先
行詞をテキストのトピックとの関連性という観点から捉えている」という捉え
方は、それが極大である時には、⑰〜⑲に見られるように、他の捉え方を拒絶
する。しかしながら、それが極大でなければ、⑳に見られるようにどちらの捉
え方も可能となる。

⑳　事業の発注情報をいち早く入手し、役所や政治家、業者間での根回
　　し、調整を図る業務屋の仕事は、基本的には手帳一冊の世界だとい
　　う。この／その手帳に土建業者、各ゼネコンの営業所、業務担当者の
　　名前、住所、電話番号、緊急の連絡先などが書かれていて、いつでも
　　連絡がとれるようになっている。

　これらの先行研究を踏まえて、次節以降、「その」と「そんな」の機能の相
違について議論を進めていく。

2. 代行指示の可能性

「昨日、久しぶりにぜんざいを食べたが、<u>そのぜんざい</u>がひどい味で参った」
といった例では、「その＋名詞句」全体が先行詞と照応している。このような
指示の在り方は「指定指示」と呼ばれている。一方、「昨日、久しぶりにぜん
ざいを食べたが、その味がひどくて参った」といった例では、「その」の「そ」
の部分だけが先行詞と照応しており、このような指示の在り方は「代行指示」
と呼ばれている。以下の例に見られるように、「そ」の部分だけが先行詞と照
応する「代行指示」は「その」については可能であるが、「そんな」について
は不可能である。

㉑　ニューヨークで「子供のための世界サミット」が開かれ、今世紀末ま
　　での様々な達成目標を掲げたのも 90 年だった。<u>その</u>／＊そんな／♯
　　φ　実現に向かっているのだろうか。（読売新聞 1994 年 12 月 16 日）

　本例の「その実現」という表現においては、「その」の「そ」の部分だけが
先行詞である「目標」と照応しており、「その実現」は「目標の実現」である
と解釈される。「そんな」は代行指示の機能を持たないため、「そんな実現」と
すると不自然な表現となる。次の㉒、㉓についても同様である。

㉒　江戸時代からの歴史をもつ日本三大名園の 1 つ、兼六園。<u>その</u>／＊
　　そんな／♯φ　大切な松の木々を、このように傷つけなければならな
　　かった当時の追い詰められた状況を想像すると、胸が痛んだ。

（*Mainichi Weekly* 1995 年 1 月 14 日）

㉓　1914 年（大正 3）、米ユタ州ソルトレークシティーで創刊されたこの
　　邦字紙は戦前、戦中、戦後の日系社会の姿を伝えてきた。創刊した
　　のは長野県出身の寺沢畔夫さんだった。<u>その</u>／＊そんな／♯φ　没
　　後、長く発行を引き継いできた妻、国子さんが 3 年前に 95 歳で亡く
　　なり、新聞も 77 年の歴史を閉じた。（読売新聞 1994 年 12 月 28 日）

3.「テキスト的意味の付与」および「トピックとの関連性の標示」 の可能性

先に第 1 節で見たように、「その」によって名詞句にテキスト的意味を付与 したり、トピックとの関連性を標示したりすることが可能であったが、「そん な」に同様の機能を認めることはできないようである。次例を見られたい。

⑳　取りつかれたように、取り残されまい、と人の流れはパソコンへ向か う。5 年前、165 万台だった、その／＊そんな／φ　発売台数は今春、 300 万台を突破する、そうな。　　　　（読売新聞 1995 年 1 月 4 日）

本例において「その発売台数」を「そんな発売台数」とすると不自然となる のは、「そんな」によってはテキスト的意味が付与されないからであると考え られる。本例は、一見すると第 2 節で見た「その」による代行指示の例である と思われるかもしれないが、㉑～㉓の例とは異なり、ゼロ形式（φ）の使用が 可能となっていることに注意されたい。次の㉕～㉗の例についても同様の分析 があてはまる。

㉕　だから、私のような仕事をする者には、大学以外の教育磯関や企業か らもしきりにセミナーの依頼がやってくる。ただ往々にして　その／ ＊そんな／φ　動磯が、この問題を社会全体から根絶していこうとい う高まいなものではなく、訴訟問題が起きるのを恐れてのことの方が 多いようだ。　　　　　　　　　　　　（読売新聞 1995 年 2 月 2 日）

㉖　人間の顔には表情筋という筋肉があるそうだ。それが目や口を様々な 形に動かして、喜怒哀楽を表現する。日本人は一般に　その／＊そん な／φ　表情が乏しいといわれる。例えば、ウィンクのように片方の 目をつぶる動作が不得手な人が多い。　　（読売新聞 1995 年 3 月 7 日）

㉗　イギリスでナショナル・トラスト運動が始まって 1 世紀。東京都の 面積を上回る土地を取得したイギリスとは比較にならないにせよ、わ が国でも、北海道・知床半島や和歌山県・天神崎など各地で 40 余の 運動が続く。その／＊そんな／φ　関係者らが集う第 12 回ナショナ ル・トラスト全国大会が来月 16、17 日、所沢市内で開かれる。

（読売新聞 10 月 25 日 1994 年）

4. 非限定的修飾節に相当する「そんな」

名詞修飾節は、被修飾名詞句の指示対象を限定するか否かによって、限定的修飾節と非限定的修飾節に分類される。以下にそれぞれの例をあげる。

㉘　昨日あなたが映画館で見かけた男の人は、花子のご主人です。

㉙　夫が死亡したことを知らされた花子は、気を失った。

㉘において、修飾節「昨日あなたが映画館で見かけた」の部分は、被修飾名詞句「男の人」の指示対象を限定しているが、㉙においては、被修飾名詞句である「花子」が固有名詞であることから、修飾節「夫が死亡したことを知らされた」の部分が指示対象を限定しているとは考えられない。非限定的修飾節は、指示対象の限定は行わず、主節との何らかの因果関係を表すと考えられ、㉙では、非限定的修飾節である「夫が死亡したことを知らされた」の部分は、「花子が気を失った（こと）」の理由を表していると解釈される。

本章で分析対象としている「そんな」は、このような非限定的修飾節を指示しうると考えられる。一方、「その」には、非限定的修飾節に照応するといった機能はないようである。このことを例㉚で確かめよう。

㉚　小社刊『病との共生』は、新聞協会賞受賞の連載企画「医療ルネサンス」を軸に、様々な角度から現代医療に迫る。いかに病と付き合うか。その際、看護の役割の大きさを思う。自宅療養、在宅ケアの要望はますます増えるだろう。そんな／＊その／♯φ　患者のために「開業看護婦」も一部に誕生している。病院勤めではなく、患者と契約して訪問看護を行う。　　　　（読売新聞 1994 年 10 月 22 日）

本例においては、文脈から、「そんな患者」の部分は、「自宅療養、在宅ケアが必要な患者」と解釈され、「そんな」は、非限定的修飾節「自宅療養、在宅ケアが必要な」に相当すると考えられる。文全体を「自宅療養、在宅ケアが必要な患者のために「開業看護婦」も一部に誕生している」のように書き換えることが可能であり、非限定的修飾節「自宅療養、在宅ケアが必要な（こと）」

の部分は、主節「患者のために「開業看護婦」も一部に誕生している」に対する理由・背景・詳細説明を与えていると考えられる。「そんな」は、このような非限定的修飾節と同様の機能を果たしている。「その」には、このような機能が認められず、㉚に明らかなように、「そんな」を「その」に置き換えると容認されなくなる。以下の諸例についても同様の分析があてはまる。

　㉛　長らく完訳が待たれていたG・ドゥルーズとF・ガタリの『千のプラトー』（宇野邦一ほか訳、河出書房新社、6900円）は、翻訳で2段組み、600ページを超える著作である。とても手に持って読める重量ではない。そんな／＊その／♯φ　大著なのに、序章でいきなりこう主張する。「どこへ行くのか、どこから出発するのか、結局のところ何が言いたいのか、といった問いは無用である」「本の言おうとすることを、決して問うべきではないし、本に何か理解すべきことを探すべきではない」と。　　　　　　　　　　　　　（読売新聞1994年10月13日）

本例においては、「そんな大著」の部分は、「翻訳で2段組み、600ページを超える、とても手に持って読める重量ではない大著」のように解釈され、「そんな」は、非限定的修飾節「翻訳で2段組み、600ページを超える、とても手に持って読める重量ではない」を指示していると分析される。

　㉜　終戦の翌月、5人きょうだいの4番目に生まれた。大学進学は、許してもらえなかった。父は戦前、英語塾を開き、高齢になってからも英語や若いころ覚えた中国語の勉強を続け、残留孤児の通訳ボランティアもした。そんな／＊その／＊φ　父だが、明治生まれで「女に教育は必要ない」との考えだった。　　　　（読売新聞1994年10月6日）

本例の「そんな」は、非限定的修飾節「戦前、英語塾を開き、高齢になってからも英語や若いころ覚えた中国語の勉強を続け、残留孤児の通訳ボランティアもした」を指示している。「その」との置き換えは、やはり不可能である。

　㉝　あるイギリスの下院議員はBBCテレビで「国会議員の最大の役割は、いま何が問題なのかを正確にわかりやすく国民に知らせることだ」と語っていた。この民主主義の本家の議員の当たり前の感覚が、日本の議員諸氏には基本的に欠けているのではないだろうか。そんな／♯そ

の／♯φ　議員と政党に、来年から 300 億円もの国費を支払うこと
になっている。　　　　　　　　　　　（読売新聞 1994 年 10 月 8 日）

　本例において、「そんな議員」が「民主主義の本家の議員の当たり前の感覚
が基本的に欠けていると思われる議員」を表していることを見て取るのは容易
であろう。

　「そんな」が主節との何らかの因果関係を表す非限定的修飾節を指示するの
に対して、「その」がそのような機能を有しないことを作例を用いて議論して
みよう。まず、次の㉞の例を見られたい。

　㉞　a.　太郎は、無断欠勤はするし、会社の金を着服したこともある。

　　　b.　そんな／？その太郎に重要な仕事は任せられない。

　本例において、「そんな」が用いられた場合には、同要素が非限定的修飾節
「無断欠勤はするし、会社の金を着服したこともある」を指示するため、主節
である「太郎に重要な仕事は任せられない」の部分との因果関係が表され容認
される。しかし、「その」には非限定的修飾節を指示する機能がないので、主
節との因果関係が適切な形で表されない。㉞bにおいて「その」を用いた文が
不自然なのはこのためであると考えられる。続いて例㉟を検討してみよう。

　㉟　a.　太郎は、この 3 月に大学を卒業し、我が社に入社した。

　　　b.　？そんな／その太郎が営業部に配属された。

　先に見た㉞とは異なり、本例では、「そんな」を使用した例で不自然さが生
じている。本例においては、「太郎がこの 3 月に大学を卒業し、我が社に入社
した（こと）」と「太郎が営業部に配属された（こと）」との間には因果関係は
認められない。「そんな」を用いると、同要素が非限定的修飾節「この 3 月に
大学を卒業し、我が社に入社した」を指示するため、主節との間に不自然な因
果関係が表されることになり、文全体の容認性が劣るものと思われる。「その」
は非限定的修飾節を指示することはなく、㉟bの「太郎」が先行文脈に現れた
「太郎」と同一の要素であることをマークするだけであるので、文全体の容認
度に問題は生じない。例文の検討を続けよう。

　㊱　a.　太郎は、窃盗の常習犯で、傷害事件もおこしている。

　　　b.　そんな／？その太郎なら銀行強盗ぐらいするだろう。

　　　c. <u>そんな／？その</u>太郎なら銀行強盗ぐらいしかねない。

「Xなら…ぐらいするだろう」とか「Xなら…ぐらいしかねない」といった表現では、「Xが…する」と考える根拠が何らかの形で示される必要がある。㊱b、㊱cにおいて、「そんな」が用いられた場合には、同要素が非限定的修飾節「窃盗の常習犯で、傷害事件もおこしている」を指示するため「太郎が銀行強盗する」と考える根拠が示されるが、「その」が用いられた場合には、同要素が非限定的修飾節を指示する機能を持たないため判断の根拠が示されない。㊱b、㊱cにおいて観察される容認度の違いの原因は、このような事実に求められるものと思われる。次の㊲についても同様の分析が可能であろう。

　㊲　a. 太郎は、後輩の面倒をよく見るし、人一倍熱心に練習する。

　　　b. <u>そんな／？その</u>太郎だからこそキャプテンに選ばれたのだ。

㊲bにおいて「そんな」が用いられた場合には、同要素が非限定的修師節を指示し、「後輩の面倒をよくみるし、人一倍熱心に練習する太郎だからこそキャプテンに選ばれたのだ」といった解釈が与えられ、文全体の容認度に問題は生じない。一方、㊲bにおいて「その」が用いられた場合には、同要素が非限定的修飾節を指示することはないので、このような解釈は与えられず、文全体の容認度が落ちる。[1]

　次の例では、「その」を用いた場合と「そんな」を用いた場合とで容認度に違いは生じないが意味が異なっている。

　㊳　a. 太郎は無断欠勤が多く、ここ数ヶ月の販売実績もゼロです。

　　　b. <u>その／そんな</u>男には仕事を任せられないな。

㊳Bにおいて「その男」が表すのは、話し手が説明した男、すなわち「太郎」であるのに対して、「そんな男」が表すのは、「無断欠勤したり販売実績が振るわない男」であり、特定の男ではない。このことを以下の例で確かめよう。㊳とは異なって、㊴においては、「その」を用いるか「そんな」を用いるかで容認度に差が出ている。

　㊴　a. 太郎は無断欠勤が多く、ここ数ヶ月の販売実績もゼロです。

　　　b. 一般論として、<u>？？その／そんな</u>男には仕事を任せられないな。

㊴Bにおいては、「一般論として」という表現を前接させることによって、

特定の人物を表す「その男」の使用が不自然となっている。

　「その」と「そんな」の機能の違いを実例に戻ってさらに検討することとする。これまでに見た実例とは異なり、以下の2例では、「その」の使用が自然であるのに対して、「そんな」の使用が不自然であると感じられる。

　⑳　「クリスマスツリーみたい！」近くにいた子どもが叫んだ。川岸に茂る木のそこここに小さな光が点滅している。先日、友人に誘われ、ホタルを見に行った。長崎市中心部から車で約5分の住宅地。川べりまで歩いて下りると、もう光の明滅が見えてくる。午後8時ごろにはピークを迎え、小雪のようにあちこちでホタルが舞った。市内でこんな光景に出合えるとは。しばし幻想の世界に浸った。（中略）その／？そんなホタルが激減した時期があったという。82年の長崎大水害だ。　　　　　　　　　　　　（毎日新聞2002年5月30日夕刊）

　本例においては、先行部分のホタルに関する記述と「ホタルが激減した（こと）」との間には因果関係がない。「そんな」が付加されると主節との間に不自然な因果関係が結ばれ、容認度が落ちるものと考えられる。次の⑪についても同様に考えてよかろう。

　⑪　お釈迦様が亡くなった時、スズメはいの一番に駆けつけた。ツバメは念入りに化粧をし、着飾ってお悔やみに行った。以後、スズメは米食を許され、虫食えと言われたツバメは「土食うち、虫食うち、あと何食おうか」とさえずる。その／？そんなツバメの飛来が近年、めっきり減った。　　　　　　　　　　　　　　　　（毎日新聞2002年5月18日）

　先行部分のツバメに関する記述と「ツバメの飛来が近年めっきり減った（こと）」との間には因果関係がない。本例において「そんな」の使用が不自然であるのは、やはり主節との間に不自然な因果関係が結ばれることに起因すると考えるのが妥当である。

　ここまでの観察から、「その」と「そんな」の機能の違いについて、「その」が名詞句を先行文脈に関係づけるのに対して、「そんな」は主節との何らかの因果関係を表すという非限定的修飾節に相当する機能を果たすと、一応結論づけてよいと思われるが、「そんな」のこのような機能が英語の指示詞thatにも

認められる。

　Donnellan (1966)は、指示的指示（referential reference）と対になる概念として属性的指示（attributive reference）という概念を提案している。次例を見られたい。

　㊷　Smith's murderer is insane. (Donnellan (1966))

　本例が指示的指示として解釈される場合は、定名詞句Smith's murdererがある特定の人物を同定していると解釈され、属性的指示の解釈が与えられる場合には、定名詞句Smith's murdererがSmithを殺した人物という属性のみを表すのである。

　須賀（2002）は、以下のような例をあげて、指示表現that Nが属性を導くとしている。

　㊸　That dog kept me awake.

　本例において"that dog"は「隣家の犬」という解釈と「しばしば夜に吠える隣家の犬」という解釈が与えられる。前者は、"that dog"が聞き手に指示対象が隣家の犬であることを同定させる場合であり、後者は、"that dog"が指示対象の属性（しばしば夜になると吠える）を呼び起こす場合である。さらに須賀（2002）であげられている㊹、㊺の例を見てみよう。

　㊹　CHARLIE: ... If there is a hell, sir, my father's in it and he is looking
　　　up right now and he is laughing his ass off. Sanford Babbit. You wanna
　　　be *that guy*'s son for five minutes?

　指示的指示の解釈が与えられた場合は、"that guy"は"my father"あるいは"Sanford Babbit"を表しているといった捉え方がなされ、属性的指示が行われる場合には、同要素に対して「非情な男」といった解釈が与えられる。

　㊺　..., they don't like to be out in the sun, ... because, you know, they say
　　　that the sun is bad for you... although I put on very potent skin screen,
　　　so I don't, you know, I'm not afraid of *that sun*. I love the sun.

　本例において、"sun"が指示表現"that sun"として言及された時は、先行文脈によって特定化された「体に悪いと思われている」という太陽光の属性が導かれているという。

　本節で議論してきた「そんな」と「その」の指示機能の違いと指示詞thatによる指示的指示と属性的指示に関する議論を総合すると、英語においては、指示的指示と属性的指示が同一の言語形式thatによって行われうるのに対して、日本語においては、指示的指示を担う「その」と属性的指示を担う「そんな」に形式上の分化が起こっているといった見方が可能かもしれない。

5.　内容節に相当する「そんな」

　名詞修飾節は、被修飾名詞句の指示対象を限定する限定的修飾節と被修飾名詞句の内容を限定する内容節に分類することも可能である。次例を見られたい。

㊻　太郎が明かした事実

㊼　太郎が花子を裏切った事実

㊻においては、修飾節「太郎が明かした」は被修飾名詞句「事実」の指示対象を限定しており、「太郎は事実を明かした」といった表現が想定できることから分かるように、被修飾名詞句「事実」と修飾節中の述語「明かした」との間に文法関係が認められる。これに対して㊼では、修飾節「太郎が花子を裏切った」は被修飾名詞句「事実」の指示対象を限定しておらず、「事実」の内容を限定している。また、被修飾名詞句「事実」と修飾節中の述語「裏切った」との間に文法関係は認められない。㊻の名詞修飾節「太郎が明かした」は限定的修飾節であり、㊼の名詞修飾節「太郎が花子を裏切った」は内容節である。

　本章で考察対象としている「その」と「そんな」のうち、「そんな」には、内容節に相当するものがあると思われる。㊽を見られたい。

㊽　史書による日光の歴史は、天平の世の766年、男体山の登頂を志した勝道上人に始まるとされている。神橋の北側の高台には、「日光開山」と刻まれた上人の碑が町を見下ろすようにして立つ。

　　その当時、しかし、男体山を神と仰ぐ先住民がすでに一帯を支配していたのではなかろうか。郷土史家らのそんな／＊その／♯φ　推論を紹介して、小社宇都宮支局編『知られざる日光』（随想舎）は興味

深い。　　　　　　　　　　　　　　（読売新聞 1995 年 1 月 5 日）

本例の「そんな推論」の部分は、「その当時、男体山を神と仰ぐ先住民がすでに一帯を支配していたのではなかろうかという推論」のように解釈可能であり、「そんな」は、「その当時、男体山を神と仰ぐ先住民がすでに一帯を支配していたのではなかろうか」の部分を指示しており、内容節に相当すると見なすことができる。次例についても同様の見方が可能であろう。

㊾ でも海に沈んだ太陽はどうなるのだろう。海に潜った太陽に魚たちが群がる。タコは墨を吹きかける。アンコウは球技のようにして遊ぶ。そんな／＊その／♯φ　心の風景を描いた飛鳥童さん（50）の個展が東京・新宿の伊勢丹美術画廊で開かれている。

（読売新聞 1995 年 1 月 8 日）

「そんな心の風景」の部分は、「海に潜った太陽に魚たちが群がる、タコは墨を吹きかける、アンコウは球技のようにして遊ぶという心の風景」のように解釈することができ、「そんな」は、「海に潜った太陽に魚たちが群がる。タコは墨を吹きかける。アンコウは球技のようにして遊ぶ」の部分を指示し、内容節として機能していると見なせる。さらに以下の例を検討してみよう。

㊿ 来週、山田先生が指示詞について話されるそうです。

a. その話は聞いていないな。

b. そんな話は聞いていないな。

㊿aの「その話」は、相手から聞いた話であり、㊿bの「そんな話」は、来週、山田先生が指示詞について話されるという話である。同様の分析が次の(51)についてもあてはまる。

(51) a. 鈴木部長が解雇されるらしいね。

b. そんな／そのうわさはでたらめだ。

「そのうわさ」は、相手が聞きつけて来たうわさを指しており、「そんなうわさ」は、鈴木部長が解雇されるといううわさを指している。次の(52)、(53)に観察される容認性の違いも、「そんな」が内容節を指示するのに対して、「その」がそのような機能を持たないという両言語形式の機能上の異なりに起因している。

㊾ a. 君は、花子がきらいらしいね。

　　b. <u>そんな／＊その</u>ことはありません。

㊾ a. A社がB社を買収したらしいね。

　　b. <u>そんな／＊その</u>事実はありません。

　益岡（1997）は、「内容節」のうち、「という」を伴わないものを「基本型内容節」「という」を取るものを「トイウ内容節」と呼び分けたうえで、「基本型内容節」と「トイウ内容節」の間にどのような違いがあるのかを議論している。

　「基本型内容節」は、限定の仕方が指示対象の限定ではなく内容の限定であるが、名詞の限定表現であることには変わりがない。表現の主要素は、構造的にも意味的にも被修飾名詞の方であり、内容節は、その名詞を限定する機能を持つのみである。

　「トイウ内容節」は、被修飾名詞を限定する表現ではなく、「スピッツという犬」や「教師という職業」といった表現に見られる一般的な表現型「XというY」の具体的な現れの一つである。「XというY」の表現型の基本的性格は、金水（1986）によれば「2つの名詞の概念の上下関係を表す」ということであり、益岡・田窪（1992）によれば「YがXの属する範疇を表す」ということである。

　このような特徴づけは、Xが名詞である場合だけでなく、節である場合にもあてはまり、「XというY」という表現型は、一般にYがXの属する範疇を表すとしている。この見方によれば、「トイウ内容節」では、被修飾名詞が内容節の属する範疇を表すということになる。「友人が詐欺師にだまされたという話」においては、「友人が詐欺師にだまされた」という事態が「話」という範疇に属するということが表現されている。「友人が詐欺師にだまされたという事実」とすれば、同じ事態を「事実」という範疇で捉えることになり、「友人が詐欺師にだまされたという事件」とすれば、同じ事態を「事件」という範疇で捉えることになる。このように、同じ事態であっても、様々な範疇に属するものとして捉えることが可能である。「基本型内容節」においては、被修飾名詞は構造的にも意味的にも主要素として機能するものと考えられるが、「トイウ内容節」における被修飾名詞は、構造的には主要素であっても意味的にはむ

しろ副次的な要素として機能する。情報の中心は内容節の方にあり、被修飾名詞は、その内容節がどの範疇に属するかの情報を付加する働きをする。

「基本型内容節」と「トイウ内容節」のこのような特徴の違いは、以下のような振る舞いの違いに観察される。単なる限定の表現には、「基本型内容節」は使えても「トイウ内容節」は使えない。

　㊺　a. どんな仕事を探しているのですか。

　　　b. 外国人に日本語を教える仕事を探しています。

　　　b′. ？外国人に日本語を教えるという仕事を探しています。

「どんな（内容の）仕事を探しているのか」ということが話題になっている場面では、仕事の内容を限定する表現が求められるため、名詞を限定する働きを持つ「基本型内容節」が用いられる。「トイウ内容節」は、仕事の内容を限定する表現ではないので、このような場面での使用は不自然なものとなる。

「トイウ内容節」では、内容節の部分が情報の中心であるから、「トイウ内容節」の使用が自然であるのは、内容節そのものが問題にされる場合、すなわち、内容節に対する言及が必要となる場合である。

　㊻　外国人に日本語を教えるという仕事は、意外と骨が折れるものだ。

「トイウ内容節」において内容節の方に情報上の重点があるということは、「トイウ内容節」の方が「基本型内容節」よりも内容節が表す情報の重要度が高いということを意味する。内容節の表す情報の重要度が高くなると思われる表現として、以下のような文が考えられる。

　㊼　ここで注目すべき事実は、…事実だ。

次の㊽、㊾では、トイウ内容節が用いられた㊽の方がより適切な表現になるという。

　㊽　ここで注目すべき事実は、アメリカ大陸が15世紀に発見されたという事実だ。

　㊾　（？）ここで注目すべき事実は、アメリカ大陸が15世紀に発見された事実だ。

㊼のような表現において基本型内容節が安定的に使用できるのは、以下にあげる㊿のように被修飾名詞句を限定する場合である。

(59)　ここで注目すべき事実は、…事実の方ではなく、…事実の方である。

(59)においては、複数の事実の中のどの事実を問題にするかが問われていることから、被修飾名詞句「事実」を限定する表現が求められており、次の(60)に見られるように、基本型内容節の使用が可能になるとされている。

(60)　ここで注目すべき事実は、アメリカ大陸が15世紀に発見された事実の方ではなく、オーストラリア大陸が18世紀に発見された事実の方である。

ここまで見てきた内容節に関する益岡（1997）の考察を踏まえて、「その」と「そんな」の振る舞いを見てみよう。

(61)　うわさでは、太郎は啓子と離婚するらしいね。

a. 今は、そんな／（？）そのうわさよりも太郎が花子を殺害したといううわさの方が重要だ。

b. 今は、（？）そんな／そのうわさよりも次郎がかぎつけたうわさの方が重要だ。

(61) aと(61) bの容認性の判断は微妙であるが、益岡（1997）のいう「トイウ内容節」が用いられやすい文脈では「その」よりも「そんな」の使用がより自然に感じられる。さらに次の(62)の例を見られたい。

(62)　ちょっと小耳にはさんだんだけど、太郎は会社を辞めるらしいね。

a. 今は、そんな／（？）その話よりも太郎が花子を殺害したという話の方が重要だ。

b. 今は、（？）そんな／その話よりも太郎が花子を殺害した話の方が重要だ。

c. 今は、？そんな／その話よりも次郎が明らかにした話の方が重要だ。

(62) aは、「トイウ内容節」が用いられやすい文脈であり、「そんな」の使用がより自然に感じられるのに対して、(62) bは、「基本型内容節」が用いられやすい文脈であり、「その」の使用がより自然に感じられる。(62) cでは、「次郎が明らかにした話」は修飾節中の述語「明らかにした」と被修飾名詞句「話」の間に「話を明らかにした」のように文法関係が認められ、内容節ではなく限定修

飾節を含んでいるが、この場合、「そんな」の使用はさらに不自然となるように思われる。

以上、本節では、内容節に相当する「そんな」について議論した。[2)]

6.「その」によるテキスト的意味の付与と「そんな」の非限定的修飾節的機能

本節では、テキスト的意味の付与を行う「その」と非限定的修飾節的機能を果たす「そんな」の区別が曖昧になる場合があることを指摘したい。以下の諸例においては、「その」が用いられた場合も「そんな」が用いられた場合も容認性に違いがないように思われる。

(63) チェイニー副大統領やラムズフェルド国防長官ら当初から米単独のイラク攻撃を主張してきたブッシュ政権幹部の中で、カギを握っていたのはやはりパウエル国務長官だった。昨年8月、パウエル長官がブッシュ大統領に「国連を介した解決」を進言しなければ、イラク攻撃がもっと早まっていた可能性は否定できない。査察の早期打ち切りを求める政権内の圧力に抗して、数度の査察延長に柔軟に応じ、国際社会のコンセンサスづくりを優先させたのもパウエル長官だった。しかし、その／そんなパウエル長官も、戦争自体を否定していたわけではない。むしろ必要とあれば有無を言わせない方法で目的を達成するという現実主義者の顔を持っていた。（毎日新聞2003年3月26日）

本例では、「その」を用いても「そんな」を用いても「国際社会のコンセンサスづくりを優先させたパウエル長官も戦争自体を否定していたわけではない」といった解釈が与えられ、自然さに違いは生じない。これは、「その」によるテキスト的意味の付与が行われることによって、主節との因果関係が読み取り可能になる場合があるからだと考えられる。以下の例についても同様の分析があてはまるであろう。

(64) 湾岸戦争後の92年から94年にかけて、外務省主導で安保理常任理事国入りを目指す動きが強まった。しかし、宮沢内閣の郵政相だった小泉氏は「憲法の制約があることをしっかり言うべきだ」と主張。自

社さの村山政権では常任理事国入りにブレーキをかける超党派議運の
会長を務めた。(中略) <u>その／そんな</u>首相が世界に向けて「日本も入
りたい」と宣言する。外務省幹部は「小泉さんが変わったわけではな
い。安保理に期待される役割が変わったんだ」と力説する。

(毎日新聞 2004 年 9 月 22 日)

㉖ 北川さんは 87 年、希望して長崎支社広報係長に就いた。顧客の声を
集め意識改革に反映させたかったからだ。「遠慮せずに、おかしいこ
とはおかしいと言おう」。会社の慣習やしがらみは気にならなかった。
<u>そんな／その</u>北川さんに 90 年、九州支社 (熊本市) への異動の打診
があった。　　　　　　　　　　　　(毎日新聞 2004 年 9 月 15 日)

㉖ 3 年前の「9・11 事件の際、小泉純一郎首相の最初の言葉は「テロは
怖いね」だった。同じ年の武装不審船事件 (12 月 22 日) の時は「奇
怪な行動だ」と語っている。両方とも素朴な反応だが、素朴過ぎて不
安が残る。その後、首相はテロ特措法とイラク特措法を成立させ、2
度にわたる訪朝で拉致事件の突破口を開いた。「国内改革」志向の首
相が次々と重大な外交案件に挑んだのは、むしろ「外交の素人」だっ
たから、とも言われる。<u>そんな／その</u>小泉首相が過去に外交面で唯一
残した足跡がある。国連問題だ。　　(毎日新聞 2004 年 9 月 22 日)

7.　1 章のまとめ

本章では、ソ系指示詞「その」と「そんな」を考察対象とし、それぞれの機
能について以下の結論を得た。

❶ 「その」は、テキスト的意味の付与、トピックとの関連性の標示、代
行指示を行う言語形式である。

❷ 「そんな」は、主節との因果関係を表す非限定的修飾節や被修飾名詞
句の内容を限定する内容節に相当する。

❸ 談話において、「その」によるテキスト的意味の付与と「そんな」の
非限定的修飾節的機能の区別が曖昧になる場合があり、この場合、両

言語形式は交換可能となる。

■ 注 ■

1) 類例として次のような例が考えられる。

(i) 太郎は勉強などそっちのけでクラブ活動に熱中していた。

 a. <u>そんな／その</u>太郎が大学に合格した。

 b. <u>そんな／?その</u>といっては失礼だが、太郎が大学に合格した。

(ia) を見る限りは、「そんな」を使っても「その」を使っても、「勉強などそっちのけでクラブ活動に熱中していた太郎が大学に合格した」といった解釈が与えられ容認度の違いは感じられない。しかしながら、(ib) のように「太郎が大学に合格した（こと）」と「太郎が勉強などそっちのけでクラブ活動に熱中していた（こと）」との結びつきが意外であることを強調するような表現を用いた場合には、「そんな」の使用がより自然になるように思われる。

2) 本章で内容節に相当すると分析した「そんな」は、以下にあげたような野田 (1989) で議論されている「真正モダリティをもたない文」と等価であるといった見方も可能かもしれない。

(ii) 大空を飛んで、自分の住んでいる街を見てみたい。そんな思いから、愛媛県喜多郡内子町川中、農林業西谷一徳さん (41) は、自宅前の山林と農地約 7,000 平方メートルをつぶして専用飛行場を作り、今月初めから超軽量飛行機の操縦を楽しんでいる。

（毎日新聞 2004 年 4 月 12 日）

第**2**章

...

指示表現における意味の希薄化をめぐって

　英語の存在文に用いられるthereは、もともと指示性を帯びた場所の副詞で
あったものが、実質的な意味を失い、虚辞となったといわれている。指示性お
よび場所の意味が希博化したthereは、以下に見られるような形で、接続詞と
して用いられる場合がある。

① "Harrison will win to be the 'great chief (president)," a Web site quotes
　the Native American leader as saying. "He will die in his office. And
　after him, every great chief chosen every 20 years <u>thereafter</u> will die.
　And when each one dies, let everyone remember the death of our
　people."　　　　　　　　　　　　　　　（*Mainichi Weekly*, Nov. 22nd, 2003）

② "Let's" is short for "let us." <u>Therefore</u>, "let's go with me" means that you
　are inviting someone to go with you ...and yourself!

　　　　　　　　　　　　　　　　　　　（*Mainichi Weekly*, Dec.27lh, 2003）

Hopper and Traugott (1993：177)は、節と節を繋ぐ機能を持つようになる要
素として、名詞、動詞、副詞、代名詞、前置詞や後置詞を含む格形態素、派生
接辞およびこれらが組み合わさった句をあげ、指示表現が接続機能を獲得しう
ることを以下のように説明している。

③ Typical of hypotactic developments (though by no means necessary
　or diagnostic of them) is the recruitment to connective function of
　deictics and other demonstratives. The motivation here is the extension
　of deictic reference from entities referred to in the non-linguistic world
　to anaphors and cataphors of NPs and then to anaphors or cataphors
　of propositions (clauses). In other words, deictics may be used for

metalinguistic functions involving clause reference in order to achieve
overt linking of clauses.

　同様の現象は、日本語のソ系指示詞にも観察される。④の「そこで」は、指示性を持つ場所の副詞であるが、⑤の「そこで」は接続詞として機能しており、指示性や場所の意味は失われている。

　④　郵便局の隣に喫茶店があります。そこで待ち合わせましょう。

　⑤　試合を始めようと思ったら、メンバーが2人足りない。そこで木村
　　　と田中を呼ぶことにした。

ソ系指示詞は、接続詞化するだけでなく、次の⑥に見られるように強意副詞のように振る舞う場合がある。

　⑥　a.　昨日、自宅のパソコンがウイルスにやられてね。

　　　b.　それは大変でしたね。

　⑦　昨日は大事なデータを間違って消去してしまって、それは大変だっ
　　　た。

　⑥の「それ」は、aの自宅のパソコンがウイルスにやられたことを指しているが、⑦の「それ」は、具体的な指示対象を持たず、「それは」は、後続する述語「大変だった」を強めていると解釈できる。

　本章では、指示詞を含む表現がその実質的な意味ないしは指示性を失い、機能語化する現象を考察の対象とする。具体的には、日本語のソ系指示詞を含む表現が接続詞として機能したり、強意副詞として振る舞ったりする現象を取り上げる。

1.　指示表現の接続詞化

　日本語には、ソ系の指示詞を含む接続詞がいくつか存在する。以下にあげる「それが」「それから」「それで」「そこで」等がそうである。

　⑧　太郎は子どもの頃とても体が弱かった。それが今ではボクシングの県
　　　代表だというから驚いてしまう。

　⑨　冷戦時代は、キューバからの亡命者は自由の戦士ともてはやされ、米

国の市民権を与えられた。それが、いまはすっかり邪魔者扱いである。（庵（1995））

⑩　花子は6時頃に帰宅し、それからアルバイトに出かけた。

⑪　和男は卒論に追われて3日間徹夜が続き、それでとうとう体調を崩してしまった。

⑫　フードセンターの前の有楽橋でおりましてね、それから／それで　アノ銀座へ向かっていらっしゃいましてね、電車通りの、一つ、四つ角をね、入りますとすぐ左側ですけど。（浜田（1995））

⑬　私のは短篇だから、いっぺんに渡さなきゃいけないと思うんですけどね。途中でコロコロ変わっちゃうんです、書いているうちに、それで、最後の5枚ぐらいは、いつもドンケツです。（本多（1999））

⑭　現在の職場は通勤に3時間もかかるために家族と過ごす時間がほとんど取れない。そこで思い切って転職することにした。

⑮　すなわち、舌にのっている時間が短くなると、味覚で感じる味もほんのわずかの時間しか刺激を受けない。そのうえ、味の強いものだけが、わずかに味覚に感じるだけである。そこで、食事の早い人は、せっかくいろいろの料理を食べても、ほとんどその料理の味はあじわえていないことになる。（本多（1999））

⑯　その点、11月の衆院選の政権公約で、年金給付の財源としての消費税引き上げに野党の民主党が言及したことは注目に値する。選挙前に負担増の話を持ち出せば、有権者にそっぽを向かれるというこれまでの常識にとらわれない考え方で、政権を強く意識した結果と言える。ただ、選挙後、政権公約論議が忘れ去られた感があるのは問題だ。そこで、予算の政府案が来年の通常国会に出されるのに合わせ、民主党も予算案を編成してはどうだろう。　（毎日新聞 2003 年 12 月 30 日）

このようなソ系の指示詞を含む言語形式については、その接続詞化に文法化のプロセスを認める分析が先行研究にいくつか見られる。

庵（1995）は、逆接の接続詞「それが」を中心に分析を行い、接続詞と指示詞の連続性という問題を考察している。同氏があげている例文を見てみよ

う。

⑰ 健はそれまで病気知らずだった。その健が ｜a. ？今もやはり元気だ／b. 今は入院している｜。

⑱ 健はそれまで病気知らずだった。それが ｜a. ？今もやはり元気だ／b. 今は入院している｜。

⑲ 健はそれまで病気知らずだった。その健は ｜a. 今もやはり元気だ／b. 今は入院している｜。

⑳ ？健はそれまで病気知らずだった。健が今は入院している。

⑱の「それが」は⑰のような「そのNPが」から「テキスト的意味の付与」という機能を引き継いでいる。「その健」から「その」を取り去った⑳の不自然さから明らかなように、⑰の主語は「入院することなど信じられない」といった属性を帯びていないと結束性が損なわれるので、単なる「健」では不十分で「それまで病気知らずだった健」でなければならず、この下線部の属性すなわちテキスト的意味をマークするために「その」の使用が義務的になる。「それが」が「そのNPが」から引き継いでいる「テキスト的意味の付与」という機能とは、このようなものである。さらに、値指示のソ系指示詞で人を指すと失礼になるという制約があり、このために「それが」は「そのNPが」とは違って指示性が希薄化して接続詞化する。

接続詞化した「それが」がなぜ「逆接」の接続詞になるのかについては、次のような説明が与えられる。定情報を格助詞すなわち「が」でマークすることは定情報を新情報扱いすることであり、⑲に観察されるような、接続詞がないときにデフォルト的にとられる「順接」の解釈ストラテジーに反し、そのためデフォルトの解釈ストラテジーの変更という機能を担いうる。これが⑰のような構文が逆接的意味を帯び、「それが」が逆接の機能を持つことの理由である。

本多（1999）は、発話行為理論的観点から「そこで」の用法分類を行い、その諸用法の関係を考察している。まず、指示詞の「そこ」＋格助辞「で」の段階では、場、時点を表す用法がある。

㉑ 黄金町の駅から、関東学院の方へ行く坂道があるでしょ。あそこまではどうにか行けたの。でも、そこで動けなくなってしまって、そのま

まじっとしてたのよ。

㉒　それから37年、歴史の回り舞台の上で日本は大きな曲がり角に立っ
ている。今日からの秋の国連総会で安保理の改組が議題にのぼる。そ
こで日本が常任理事国入りを求めるべきかどうか、という選択であ
る。

㉒の「そこで」は、㉑のそれと比べて、より抽象的である。㉓は時点を表す
「そこで」の例である。

㉓　リカ「ウソウソ、そんな一杯じゃないよーそいでねそいでね次がカン
チの番になったの」
永尾「－」
リカ「やった、とか思って手を伸ばしたらねー（トーン落ちて）そこ
で音楽終わっちゃった」

このような「指示詞『そこ』＋格助辞『で』」の場・時点の用法から接続詞「そ
こで」が派生し、この接続詞「そこで」において、以下のような命題内容間の
因果関係による関係づけを行う用法が認められるという。

㉔　（＝⑮）すなわち、舌にのっている時間が短くなると味覚で感じる味
もほんのわずかの時間しか刺激を受けない。そのうえ、味の強いもの
だけが、わずかに味覚に感じるだけである。そこで、食事の早い人
は、せっかくいろいろの料理を食べても、ほとんどその料理の味は味
わえていないことになる。

㉕　夜、田んぼの蛙の鳴き声がうるさくて、住民はなかなか眠れなかっ
た。そこで彼は市役所へ電話して蛙を取り締まる（？）ことを強い口
調で依頼した。

さらに、命題内容間の因果関係による関係づけを行う用法から派生したもの
として、㉖、㉗のような、前文において提示・確認された場面の成立を理由・
前提に後文の発話を描出する用法が捉えられている。

㉖　問題は、病院、登記などの窓口業務と学校である。これらがいきなり
土曜日に休むのは時期尚早だ。世論調査の結果でも、反対はまだ多数
派である。そこで、窓口部門の休みが利用者にどんな影響を与える

か、地域ごとに様々な試みをしてはどうか。

㉗ 論文が仕上がった。原稿の発送もした。<u>そこで</u>今日はひさしぶりに時間をかけて豪華な夕食をつくってあげよう。

本多（1999）は、このような「そこで」の用法間の意味的関係性を「含意の慣習(conventionalization of implicature)」や「主体化(subjectification)」といった概念で説明しようと試みている。

これまで見てきた例に加えて、次例に見られる「それも」もソ系の指示詞「それ」を含み、接続詞として機能していると思われる。

㉘ ニューヨークでも切符がとれないほどの評判だそうだが、わかるような気がする。アニメの「ライオンキング」と違って、生身の俳優がライオンにもハイエナにも扮する。<u>それも</u>縫いぐるみではなく、人間が人形や仮面、竹馬、影絵を使って動物をアニメートする（生命を吹き込む）のだから観客の共感を生むわけだ。

（毎日新聞 1998 年 12 月 22 日）

㉙ その中に死んだ人を投げこんだの。あたしは最初は自首するつもりだった。死体が見つかったらきっと大騒ぎになる。警察も青葉会も犯人を捜すだろうって。だけど、恐くなった。もし自首したら、青葉会から仕返しされるかもしれない。<u>それも</u>あたしだけじゃなくてキミちゃんまで…。そう思ったらできなくなった。

（大沢在昌『新宿鮫　風化水脈』）

㉚ 最近うれしいことがあった。間もなく定年で嘱託勤務になる私に、職場の後輩たちが記念写真を撮ろうと言ってくれたことだ。<u>それも</u>、いつもの仕事場でみんな一緒に、撮るのもプロのカメラマンでと。

（毎日新聞 2000 年 8 月 13 日）

㉘〜㉚のような「それも」は、以下にあげる指示対象を持つ「それ」に「も」が付加された言語形式とは明確に区別できるであろう。

㉛ （店先で）「これと、これと…あっ、<u>それも</u>ください」

㉜ 水面に映った犬は肉をくわえている。「<u>それも</u>よこせ」と犬はワンとほえた。肉は水中に落ち欲張り犬は元も子もなくしてしまった。

（毎日新聞 1999 年 10 月 31 日）

㉛、㉜では、いわゆる現場指示の「それ」に「も」が付加されている。さらに文脈指示の例を見てみよう。

㉝　第3に決定的に必要なのは有権者がとにもかくにも選挙に参加するという気迫を持つことである。この気迫が弱ければ政治家や政党の<u>それも</u>弱く、両者の共同作業がいい加減なものになっても不思議はない。　　　　　　　　　　　　　　　　（毎日新聞 2000 年 6 月 6 日）

㉞　これが世の中の汚い現実だと俊郎はときどき考えてみるのだが、違法すれすれの商売で飯を食いながら、<u>それも</u>おかしなことだと自嘲して終わるのが常だった。　　　　　　　　　　　　　（高村薫『地を這う虫』）

㉟　そもそも昨日まで司直の側にいた男が、一転して政治家のお抱え運転手になったら何が起こるか。後から考えて、<u>それも</u>当然だと納得したが、運転手になって 1 週間後には、元の職場の上司から内々の話がやってきたのだ。　　　　　　　　　　　　　　（高村薫『地を這う虫』）

㉝の「それ」は、先行文脈に現れる名詞句「気迫」を指しており、㉞、㉟では、「それ」がそれぞれ名詞節「これが世の中の汚い現実だと考える（こと）」「元の職場の上司から内々の話がやってきた（こと）」を受けている。

接続表現として機能する㉘〜㉚の「それも」は指示対象を持つ㉛〜㉟の「それも」と違って、接続詞「しかも」との置き換えが可能である。

㊱　ニューヨークでも切符がとれないほどの評判だそうだが、わかるような気がする。アニメの「ライオンキング」と違って、生身の俳優がライオンにもハイエナにも扮する。<u>しかも</u>縫いぐるみではなく、人間が人形や仮面、竹馬、影絵を使って動物をアニメートする（生命を吹き込む）のだから観客の共感を生むわけだ。

㊲　その中に死んだ人を投げこんだの。あたしは最初は自首するつもりだった。死体が見つかったらきっと大騒ぎになる。警察も青葉会も犯人を捜すだろうって。だけど、恐くなった。もし自首したら、青葉会から仕返しされるかもしれない。<u>しかも</u>あたしだけじゃなくてキミちゃんまで…。そう思ったらできなくなった。

㊳　最近うれしいことがあった。間もなく定年で嘱託勤務になる私に、職場の後輩たちが記念写真を撮ろうと言ってくれたことだ。しかも、いつもの仕事場でみんな一緒に、撮るのもプロのカメラマンでと。

　具体的な指示対象を持つ「それ」に「も」が付加された言語形式においては、「それ」が「さえ」「まで」といったとりたて詞を伴いうるが、接続表現としての「それも」は、このような形で分割されることはない。

㊴　5種類の丼物に続いて大盛りのカレーライスが出てきたが、太郎はそれ（さえ／まで）もたいらげた。

㊵　花子は太郎に旅行がだめなら、せめて食事に連れて行ってくれと頼んだが、太郎はそれ（さえ／まで）も拒んだ。

㊶＊太郎の病気はストレスからくるもので、それ（さえ／まで）も重症です。

㊷＊最近は生物学が盛んだ。それ（さえ／まで）ももっぱら遺伝子とウイルスに関わるものが多い。

㊶、㊷の「それも」は、「しかも」との置き換えは可能である。

㊸　太郎の病気はストレスからくるもので、しかも重症です。

㊹　最近は生物学が盛んだ。しかももっぱら遺伝子とウイルスに関わるものが多い。

　伊藤（2001）では、このような「それも」の接続機能の特徴を「しかも」と対比しながら明らかにし、さらに「それも」の接続機能に見られる特異性が、先に見た「それが」や「そこで」と同様に、指示詞「それ」＋とりたて詞「も」が文法化したものであることに起因するという主張を行っている。

　これまで見てきた「指示詞＋助詞」の形式を持つ接続表現の例とは多少異なるが、以下にあげる例も指示詞を含む言語形式が接続詞化したものと考えてよかろう。

㊺　もちろん、財務省に丸投げするわけにはいかないから、おおまかな数字にならざるを得ない。それでも、予算を作ることは、公約を具体的にどう実行し、財源的なつじつまがきちんと合っているかを国民に示すことになる。　　　　　　　　　　　　（毎日新聞 2003 年 12 月 30 日）

㊻　もともと気の弱いソーニャは、もうまえまえから、自分が誰よりも傷つけられやすいこと、誰でもほとんど罰をうける心配もなしに彼女を辱めることができることを知っていた。それでも、いまのままでは、気をつけて、おとなしくして、誰にでも素直に従っていれば、何とか災厄を避けられるような気がしていたのだ。

（ドストエフスキー　工藤精一郎訳『罪と罰』）

㊼　29 年のニューヨークの大暴落のように見事バブルは破裂した。ウォフレンさんの日本論は、敗戦後の「菊と刀」（ルース・ベネディクト著）に匹敵するとまで評価は高い。しかしそれでも日本のバブルの本質を見抜けなかったのは驚きだった。（毎日新聞 2003 年 12 月 19 日）

㊽　2 人はまだ衣装をつけたままだった。一人はターバンを巻き、一人はだちょうの羽をつけた毛糸の丸帽をかぶっていた。それにしても、いつの間にかどこからあらわれたのか、カテリーナ・イワーノヴナの枕もとに例の《賞状》がおいてあった。

（ドストエフスキー　工藤精一郎訳『罪と罰』）

㊾　逆に言えば、マクロの構図は明確なのであり、その中でミクロな陣取りゲームが次から次へとくり返されることになる。さすれば行革断行評議会をめぐる第 1 部では、若者が直接見聞きしたまさに著者の体験と、それと同時に進行している他のドラマとが混然一体となって読む者に迫ってくる。格別の違和感はないが、同じ密度で書くことの意味を改めて考えさせられる。それにしても、時間のない総理に 4 行書きのメモを渡す工夫とか、マスコミにわかりやすく説明するための「小泉七原則」の発表とか、著者の言語戦略もまたなかなかのもの。

（毎日新聞 2003 年 12 月 28 日）

㊿　「（日本の）休耕田をアフリカの人たちのために少しでも生かせないかとぼくは思いました」。イラクで殉職した外務省の井ノ上正盛 1 等書記官が、アフリカの飢餓を伝えるテレビを見て、こう作文に書いたのは 19 年前、宮崎県都城市立上長飯小学校 5 年生のときだ。（中略）今年 3 月、日本の子供たちの代表 9 人が、ゴミの山に囲まれた地区

にあるカンボジアの学校を訪れた。貧困と飢餓の現実を目の当たりにしてショックを受けつつも、自らの活動の意義を再認識。将来貢献したいと誓ったという。それにしても井ノ上さんの慧眼と志の高さはどうだろう。　（毎日新聞 2003 年 12 月 25 日）

伊藤（1994）では、㊺〜㊿に見られる「それでも」「それにしても」に「そうだとしても」を加え、これらに対応する英語の接続副詞 even so と比較しながら、その特徴を Sweetser (1990) が提唱する認知領域の概念を用いて考察している。

次の(51)〜(53)を見られたい。

(51) John is a bad drinker. Even so, I like him.

(52) It seems that Mary is having an affair with Mike. Even so, I love her.

(53) a. We are sorry, but that cashier isn't used to her job.

b. Even so, she takes too much time, doesn't she ?

(51)〜(53)では、同一の接続表現"even so"が用いられてはいるが、その意味・機能は一様ではない。以下で、個々の例を詳しく分析してみよう。(51)の"even so"の"so"は、先行する文"John is a bad drinker"を受けている。同例における"even so"は、"even＋名詞"と変わりはなく、後に見る(52)の"even so"とは異なって仮定を行っているのではないと考えられる。(51)では、話者の思考や判断は介入していない。類例として(54)をあげておく。

(54) Federal courts have recently scuttled other cases because of prosecutorial misconduct among them, acquitting a Mexican physician charged in the murder of a U.S. drug agent and overturning convictions against leaders of Chicago's El Rukns gang. Even so, Attorney General Janet Reno vowed to push for Demjanjuk's "prompt removal" from the United States on the ground that he may have been a guard at another death camp. (*Newsweek*, Nov. 29th 1993)

(52)の"even so"以下の文は、(55)のように書き換えられよう。

(55) (Even) if it is true that Mary is having an affair with Mike, I love her.

(51)とは異なり、(52)においては、「話者の心的世界の中での関係づけ」とでも

いったことが行われているといえる。次の(56)が類例である。

(56) The job-eared billionaire's failed debate with Al Gore was written up like the encounter between Dorothy and the Wicked Witch of the West. Even so, Perot won't just melt away：he has $2 billion, and the press needs a colorful target to kick around.　(*Newsweek*, Nov. 29th 1993)

(53)の"even so"以下の文は、(57)のように書き換えられるように思われる。

(57) (Even) if we admit that the person who isn't used to his or her job takes time, she takes too much time, doesn't she ?

(53)では、(51)とも(52)とも異なって、話者の発話の観点や態度が表されていると考えられる。次の(58)についても同様である。

(58) a. He ate nothing yesterday.

b. Even so, don't you think he is eating too much ?

(58) bは、"(Even) if we admit that the person who is very hungry eats a lot, don't you think he is eating too much ?"といった解釈が与えられよう。

これまでの観察から明らかなように、(51)、(52)および(53)で用いられている"even so"の意味・機能には異なりが認められる。以下では、このような接続表現"even so"の意味・機能の異なりをSweetser (1990)が提案する"Domain"（認知領域）と関連づけて議論していく。

Sweetser (1990)は、現実世界の領域（Content Domain）と認識的領域（Epistemic Domain）および発話行為の領域（Speech Act Domain）を設定する。そして、領域間の関係は、認知的に基礎づけられるとしている。これを図で表すと、以下のようになる（坪本（1993）で示されている図を参考にした）。

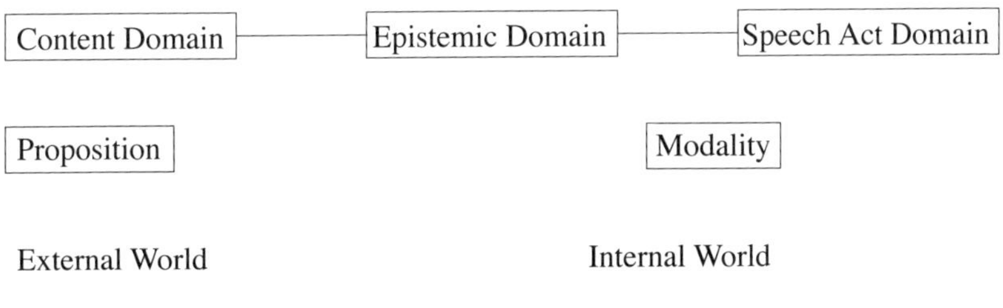

このような領域間の関係については、具体的な領域が抽象的な領域に開係づけられるとしている。Sweetser (1990)は、このような考え方に基づいて英語の知覚動詞やモダリティ等を分析しているが、ここでは、本章の議論との関連で興味深いと思われる条件表現についての分析をとりあげる。Sweetser（スウィーツァー）は、英語の条件表現に先に見た3つの領域の区別が関係するとして、"Content Domain"における条件表現、"Epistemic Domain"における条件表現、"Speech Act Domain"における条件表現を区別している。"Content Domain"における条件表現とは、前件で表される出来事、事態の実現が後件で表される出来事、事態の実現の十分条件になるもので、次の(59)のような文がその例である。

(59) If Mary goes, John will go.

"Epistemic Domain"における条件表現とは、前件で表される前提事項が真であることが、後件で表される命題が真であることを結論づけるための十分条件になるものである。例としては、(60)のような文があげられている。

(60) If John went to that party, (then) he was trying to infuriate Miriam.

"Speech Act Domain"における条件表現では、(61)に見られるように、後件で特定の発話行為を行うための何らかの条件が前件で表される。

(61) If it's not rude to ask, what made you decide to leave IBM?

Sweetserの条件表現に関する考察と前述の接続表現"even so"についての分析を照らし合わせてみると、同接続表現の意味・機能の多様性は、関係する領域の違いが反映されたものであることが分かる。すなわち、(51)の話者の思考や判断が介入しない"even so"は、"Content Domain"に関わる接続表現であり、(52)の話者の心的世界の中での関係づけを行う"even so"は、"Epistemic Domain"に関わる接続表現であり、さらに、(53)の話者の発話の観点や態度を表す"even so"は、"Speech Act Domain"に関わる接続表現であると考えられるのである。

次に、"even so"に対応する日本語の接続表現、すなわち先に見た接続表現「それでも」「そうだとしても」「それにしても」について考察を行い、英語の場合と異なって、日本語においては、それが関わる領域の違いに応じて接続表現の形式が分化することを見る。

(51)に相当する日本語の文は、(62)のようなものになろう。

(51)　John is a bad drinker. *Even so*, I like him.

(62)　太郎は、酒癖が悪い。それでも、私は、彼が好きだ。

(62)における「それ」は、「太郎が酒癖が悪い（こと）」を受けており、「それでも」は「名詞＋でも」であると考えられる。「太郎が酒癖が悪いこと」は事実として確定しており、後に見る「そうだとしても」とは異なって、仮定を行っているのではない。(51)と同様に、話者の思考や判断は介入していない。「それでも」は、(51)の“even so”と同様に“Content Domain”に関わる接続表現であるといえる。類例として(63)をあげておく。

(63)　ベルが鳴った。誰かが階段をのぼって来る。判事がドアを開く。入ってきた男性に紹介されたが、その人は小児神経センターのターグ教授にほかならなかった。私の前で自信たっぷり、毅然として口もとには笑みを浮かべ、髪は短く切り、きちんとした服装をしている。白衣でもブリーフでもないことは確かだ。それでもすぐに彼だとわかった。判事はちょっと困ったようにしたが、慌ててターグ教授が来たわけを話し出した。（レイモンド・ジャン　鷲見和佳子訳『読書する女』）

(52)に相当する日本語の文としては、(64)のようなものが考えられる。

(52)　It seems that Mary is having an affair with Mike. *Even so*, I love her.

(64)　花子は、次郎と浮気しているらしい。そうだとしても、私は、彼女を愛している。

(64)の「そうだとしても」は、「『花子が次郎と浮気している』ということが事実だとしても」といった意味である。つまり、「そうだ」と仮定しているわけである。(52)と同様に、「話者の心的世界の中での関係づけ」が行われている。「そうだとしても」は、(52)の“even so”と同様に“Epistemic Domain”に関わる接続表現である。次の(65)が類例である。

(65)　第２次世界大戦末期に中学生だった私は、この戦争に負ければ日本は滅びると、人たちが言うのを常に聞いていた。そうだとしても世界の多くの国は残るだろう、とも思ったものだが、今度は世界中がひとしく、直接の核爆発で、あるいは間接に死の灰で、ほぼ同時に滅ぶの

だ、と考えた。 (読売新聞 1993 年 12 月 3 日)

(64)の「そうだとしても」は「それでも」と置き換えることができる。

(66) 花子は、次郎と浮気しているらしい。それでも、私は、彼女を愛している。

しかしながら、(64)と(66)とでは意味が異なっている。「それでも」は、「そうだとしても」と違って仮定の意味は表さない。つまり、「話者の心的世界の中での関係づけ」を行わないからである。したがって、(67)(68)に見られるように、「そうだとしても」は「もし」あるいは「たとえ」といった要素と共起することができるが、「それでも」はできない。

(67) 花子は、次郎と浮気しているらしい。もし＊それでも／そうだとしても、私は、彼女を愛している。

(68) 花子は、次郎と浮気しているらしい。たとえ＊それでも／そうだとしても、私は、彼女を愛している。

(53)に相当する日本語の文としては、(69)のようなものが考えられよう。

(53) a. We are sorry, but that cashier isn't used to her job.

b. *Even so*, she takes too much time, doesn't she ?

(69) a. 申し訳ございません。あのレジ係は、まだ仕事に慣れていないのです。

b. それにしても、計算に時間がかかり過ぎるね。

(69)の「それにしても」は、「『仕事に慣れていない人は、ある程度手間取る』ということを認めるにしても」といった意味を表している。(53)と同様に話者の発話の観点あるいは態度といったものが表されているといえる。「それにしても」は、(53)の “even so” と同様に “Speech Act Domain” に関わる接続表現である。発話行為レベルでの譲歩とでもいえようか。(69)において、「それにしても」を「それでも」あるいは「そうだとしても」と置き換えることはできない。

(70) a. 申し訳ございません。あのレジ係は、まだ仕事に慣れていないのです。

b. ＊それでも／＊そうだとしても／それにしても、計算に時間がかかり過ぎるね。

「それにしても」の「それでも」および「そうだとしても」との互換性のなさは、⑦のように、先行する文に真偽判断が関わらない場合に、より明確な形で示されよう。

⑦　学生も国民年金に加入しなければならないが、＊それでも／＊そうだとしても／それにしても、月額 1 万 500 円は高いと思わないか？

以下に、接続表現「それにしても」の類例をあげておく。

⑦　今世紀は欺瞞に満ちた時代、いわば文明が偽装された時代である。むろん、あらゆる時代がその時代の欺瞞とよそおいを、偽装と虚偽をもってはいるわけだか、それにしてもこれほど欺瞞と偽装を大規模に実験し、またひとびとが信じた時代はなかったのではないか。

（読売新聞 1993 年 12 月 8 日）

次の⑦では、「それにしても」が言語的な先行文脈なしに用いられている。

⑦　それにしても、よく降りますね。

本例においては、「それにしても」が“Speech Act Domain”で慣用的に用いられていると考えられる。関係する“Domain”が異なる「それでも」あるいは「そうだとしても」は、このような形で用いられることはない。

⑦　＊それでも／＊そうだとしても、よく降りますね。

また、“even so”は、“Speech Act Domain”で慣用化することはないようである。

⑦　＊ *Even so*, it rains a lot, doesn't it ?

ここまでの議論で、“even so”に対応する日本語の接続表現、「それでも」「そうだとしても」「それにしても」がそれぞれ“Content Domain”“Epistemic Domain”“Speech Act Domain”に関わるものであることが明らかになったことと思われる。注目すべきは、英語においては、関係する“Domain”が異なっても同一の接続表現、“even so”が用いられるのに対して、日本語においては、関係する“Domain”の異なりに応じて接続表現の形式が分化するということである。このことを表にして表すと以下のようになる。

Content Domain	それでも	Even so
Epistemic Domain	そうだとしても	
Speech Act Domain	それにしても	

　ただし、英語においても "Content Domain" に関わる "even so" と "Epistemic Domain" および "Speech Act Domain" に関わる "even so" は、区別されうる可能性がある。以下に見られるように、"Epistemic Domain" と "Speech Act Domain" の "even so" は "if so" と置き換えられうるのに対して、"Content Domain" の "even so" はそのような置き換えができないからである。

　㊐　John is a bad drinker. *Even so/ * If so*, I like him.

　㊑　It seems that Marry is having an affair with Mike. *Even so/if so*, I love her.

　㊒　a.　We are sorry, but that cashier isn't used to her job.

　　　b.　*Even so/if so*, she takes too much time, doesn't she ?

　英語では、関係する認知領域（Domain）が異なっても同一の言語形式が用いられるのに対して、日本語では関係する認知領域（Domain）の異なりに応じて言語形式が分化するという言語現象は、これまで見てきた接続副詞以外にも認められると思われる。[1]

2.　指示表現の強意副詞化

　前節では、ソ系指示詞を含む言語形式が接続詞化するという現象を観察したが、同要素は、指示詞としての機能を失った結果、強意副詞のように振る舞う場合がある。本節では、そのような言語形式の例として、「それこそ」と「それは」を取り上げる。まず、次例を見られたい。

　㊓　ある危機管理の専門家は、官邸に戻るのが無理だったのならゴルフ場から陣頭指揮をとるべきだった。それこそが国民の生命、財産を守る首相の姿ではなかったかと指摘している。

　　　　　　　　　　　　　　　　　　　　　　（毎日新聞 2001 年 2 月 14 日）

⑧⓪　日本がアジア危機勃発直後の 1997 年秋、提案した AMF 構想は、米
　　　国の反対で宙に浮いている。これをスワップ協定の延長線上に、明確
　　　に位置づける時期にきているのではないか。<u>それこそが</u>、アジア地域
　　　の通貨体制の安定に寄与することになる。

（毎日新聞 2001 年 1 月 15 日）

⑧①　同様の試みは、河川のみならず、道路などでもやられるべきである。
　　　官僚のみならず、住民の意識も大きく変わっていくことは間違いな
　　　い。<u>それこそが</u>本当の公共事業改革である。

（毎日新聞 2004 年 1 月 21 日）

　これらの「それこそ」は、主語名詞句として機能しており、具体的な指示対
象を持っている。これに対して、以下にあげる「それこそ」は、名詞句ではな
く、指示対象を持っているとも考えにくい。

⑧②　けっこうなことではないか。豊かさを求めてわれわれが、みんなでが
　　　んばってきた結果、たどり着いた一つの理想郷だ。だれが言い出した
　　　のか、それを「問題だ」と定義する。<u>それこそ</u>大問題だ。

（毎日新聞 2001 年 1 月 9 日）

⑧③　「…それになんと言うのだ、殺しましたが、金をとる勇気はなく、石
　　　の下にかくしましたとでも言うのかい？」と彼は刺すような皮肉なう
　　　す笑いを浮かべながらつけ加えた。「<u>それこそ</u>やつらがぼくを嘲笑っ
　　　て、言うだろうさ。…」

（ドストエフスキー　工藤精一郎訳　『罪と罰』）

⑧④　もちろん、本当に合併するなら一法人 4 大学でもいいわけです。山
　　　梨大学と山梨医科大学が合併するように、現在十数大学が合併を考え
　　　ているわけです。最終的には現在 99 ある国立大学は 3 分の 2 ぐらい
　　　になるのではないかと思われますが、みんな<u>それこそ</u>生き残りをかけ
　　　て合併の道を模索していらっしゃる。　（石弘光『大学はどこへ行く』）

⑧⑤　ときどき、はっとするような言い回し（感覚）に出会う。そこには、
　　　出口のないように思える世界を「少しずつ」開いていこうとする少女
　　　の視線の形が、<u>それこそ</u>収縮自在に呼吸している。

（毎日新聞 2003 年 2 月 9 日）

⑧⑥　けれども、ひとたび 3 つの時制が狂い、円環の中でいっしょくたに
　　　なると、それこそタイムマシンの旅人のように自分が何処で何をして
　　　いるのかわからなくなってしまう。　　　（島田雅彦『彼岸先生』）

⑧②〜⑧⑥の「それこそ」は、後続する述語の意味を強めており、いわゆる強意
副詞のような働きをしているといえよう。

　次に「それは」の例を検討してみよう。

⑧⑦　自衛隊に与えられた任務は、生命の危険と背中合わせの作業である。
　　　それは常人のよくする仕事ではない。（毎日新聞 2003 年 12 月 28 日）

⑧⑧　カメラを持っていない人も多いし、フイルムだって安くはないから、
　　　他人の分まで写真を撮って、後で現像してくれるという人もいない。
　　　そんな経済的な余裕は誰もないのである。しかしそういう土地ほど、
　　　人々は記念写真を執拗に欲しがった。それはほとんど要求するに等し
　　　かった。　　　　　　　　　　　　　　　　　　（曽野綾子『哀歌』）

⑧⑨　「静かな人だけど、経済観念があって家作も持っているんでしたよね」
　　　スール・セラフィーヌの顔に微笑が浮かんだが、それは温かいもので
　　　はなかった。　　　　　　　　　　　　　　　（曽野綾子『哀歌』）

⑧⑦〜⑧⑨の「それは」は、指示詞「それ」に主題をマークする「は」が付加さ
れたものであり、「それ」が指示対象を持っていることは明らかである。これ
らの例と比べながら、以下の諸例を分析してみよう。

⑨⓪　一男という名のとおり、一人っ子の長男として、郵便局に勤める真面
　　　目で厳格な親にそれは可愛がられて育ったらしい。

（毎日新聞 2000 年 11 月 12 日）

⑨①　小学校低学年のころの私は、学校から家に帰り着くと、すぐに母の居
　　　る畑へと急ぎ行った。畑の周囲には、それは見事なたくさんの石の花
　　　が咲いていた。　　　　　　　（毎日新聞 2003 年 12 月 11 日）

⑨②　それに主人の亡くなったその日に、人間の屑の屑みたいなやつに、主
　　　人の血をうけた娘がそれはそれはひどいことを言われたんでございま
　　　す…　　　　　　　　　（ドストエフスキー　工藤精一郎訳『罪と罰』）

　これらの例においては、「それは」を「それ＋は」のように分析的に見ることは不可能であり、「それ」が指示対象を持っているとは考えられない。「それは」全体が副詞のような働きをしており、先に見た「それこそ」と同様に後続する述語を強めていると考えられる。

　以上、本節では、指示詞を含む言語形式「それこそ」と「それは」を分析し、同要素においても指示詞としての意味の希傳化が認められ、強意副詞のような性格を示す場合があることを見た。[2)]

3. 2章のまとめ

　本章では、指示詞を含む言語形式を考察の対象とし、同要素が指示機能を失い、接続詞や強意副詞として振る舞う場合があることを見た。このような現象は、日英語両方において観察されるのであるが、日本語では、コ系指示詞やア系指示詞ではなくソ系指示詞でこのような現象が起こりやすいと思われ、英語では、thisではなくthatが接続詞化したり強意副詞化したりしやすいと思われる。この点については、さらに掘り下げた考察を要するものと考える。

■ 注 ■

1) 以下にあげる「それは」「それとも」も指示表現が接続詞化したものと考えてよかろう。

  (i) 国際社会の一員である日本にとりイラク問題は対岸の火事ではない。それは中東の地域大国が民主化か内戦突入かの瀬戸際に立っているからだ。（毎日新聞 2003 年 12 月 28 日）

  本例の「それは」は、「その理由は」「なぜなら」といった表現に置き換え可能であり、また、2 文を分裂文を用いて 1 文にして、「国際社会の一員である日本にとりイラク問題が対岸の火事ではないのは、中東の地域大国が民主化か内戦突入かの瀬戸際に立っているからだ」とすることも可能であろう。

  (ii) 対日「柔軟」姿勢は、焦る北朝鮮外務省日本担当者によるけん制に過ぎないのか、それとも、こう着状態の打開を図る真摯な提案なのか。北朝鮮の真意を読み解くのは極めて難しい。 （毎日新聞 2003 年 12 月 29 日）

  本例においては、「それとも」を取り去って、以下のように書き換えても、意味は変わらない。

  (iii) 対日「柔軟」姿勢は、焦る北朝鮮外務省日本担当者によるけん制に過ぎないのか、こう着状態の打開を図る真摯な提案なのか。北朝鮮の真意を読み解くのは極めて難しい。

  同様の分析は、次の (iv) にもあてはまる。

  (iv) 今までになく、日本が重大な岐路に立っていると実感する。戦争が行われているイラクに自衛隊を派遣するかどうかは、日本が公然と戦争する国になることを世界に発信するのか、それとも国際紛争を軍事力で解決しない憲法を持つ平和の国であり続けることを発信するかの正念場だ。 （毎日新聞 2003 年 12 月 27 日）

  本例についても、意味を変えずに「それとも」を削除することは、以下に見られるように可能である。

  (v) 日本が公然と戦争する国になることを世界に発信するのか、国際紛争を軍事力で解決しない憲法を持つ平和の国であり続けることを発信するかの正念場だ。

2) 以下にあげる指示詞を含む言語形式も強意副詞として機能していると見なしてよいだろう。

  (vi) 通常国会では昨秋の臨時国会とは違い、野党が予算委や党首討論で活発な議論を仕掛けている。テロ対策支援法をめぐる議論はこれまで低調そのものだったが、「越えてはならない一線」ときちんと詰めるのは野党の仕事だ。 （毎日新聞 2003 年 2 月 15 日）

  (vii) プロ野球・日本シリーズ出場の巨人と西武の両チームは、都内のホテルに宿泊しながら、第 1、2 戦を戦った。東京と所沢。ともに関東にフランチャイズを置くチームだから、選手たちを自宅から通わすこともできるのだが、やはりそこは日本シリーズ。チームの団結を深め、良いコンディションを維持するために、全員でホテルに合宿している。

（毎日新聞 2002 年 10 月 28 日夕刊）

  (viii) 特に、プロの投資家は特定の期間内に結果を残さないと、極端な場合には職を失うこ

とも考えられます。期限間際になって追い込まれてくると、諦めに似た気持ちになりがちです。でも、そこは自分で自分の心理状態を管理しなければいけません。

（真壁昭夫『ゼロからわかる個人投資』）

第**3**章 ...

構造上の主従関係と意味上の主従関係の不一致をめぐって

　英語の文は、その構造に基づいて、単文、重文、複文等に分類することができる。複文には、①のように従属節として副詞節を含むものや、②のように目的語位置にthat節が現れたもの等がある。

　①　John got angry because Mary broke his toy.

　②　I think that John passed the exam.

　文中にthat節を含む構文には、②のような構文以外に以下にあげる③④⑤のような構文もある。

　③　The fact is that companies do not employ women.

　④　There is a possibility that John killed his wife.

　⑤　Legend has it that a dragon lives in this lake.

　本章では、③のような文をNP is that S構文、④のような文をThere is NP that S構文、⑤のような文をNP has it that S構文と呼ぶこととする。これらの構文においては、構造上that節は従属要素であり、それぞれに以下のような構造記述が与えられる。

　⑥　[s NP is that[S]]

　⑦　[s There is NP that[S]]

　⑧　[s NP has it that[S]]

　しかしながら、③～⑤のような構文を詳細に検討すると、構造上の主従関係と意味上の主従関係との間に不一致が生じ、構造上は主節である要素が従属要素のように振る舞ったり、その逆に、構造上は従属節である要素が主節のような振る舞いを見せる場合がある。

　本章の目標は、NP is that S構文、There is NP that S構文、およびNP has it that

that S構文を考察対象とし、これらの構文に見られる構造上の主従関係と意味上の主従関係の不一致に関して分析を行うことである。

1. いわゆる主節現象について

3つの構文について考察を進める前に、構造上の主従関係と意味上の主従関係を理解するうえで重要であると思われる「主節現象」について概観しておきたい。

統語現象には様々なものがあるが、それが生起する可能性は、文の構造に左右される。主節現象とは、ごく簡略的に言えば、主節にだけ観察され、補文あるいは従属節では観察されない統語現象のことである。主節あるいは主文については、説明を要しないであろうが、補文には様々なタイプがある。稲田（1989：29-30）は、補文を動詞、名詞、形容詞などの語彙範疇の補部の位置に現れる文としたうえで、以下のような例をあげている。[　]で囲んだ部分が補文にあたる。

⑨　John believed [that the boat sank in the hurricane].

⑩　The rumor [that he was a spy] bothered him very much.

⑪　I am aware [that the cat was out of the bag].

⑫　[That John reached the same conclusion] didn't surprise us.

主節現象の具体例を見ておこう。以下にあげるのは、Emonds（エモンズ）が否定要素前置（Negative Constituent Preposing）と呼ぶ変形規則であり、⑬aと⑬bを関係づけるものである。

⑬　a. I have never had to borrow money.

　　b. Never have I had to borrow money.

否定要素が前置され、それに伴って主語と助動詞が倒置されている。これに対して、⑭⑮では、名詞句補文および関係節中に否定要素前置が起こっており、非文となっている。

⑭＊The fact that never has he had to borrow money makes him very proud.

⑮＊The children that never in their lives had had such fun fell into bed exhausted.

主節現象には、否定要素前置以外に、以下にあげるようなものがある。

⑯　動詞句前置（VP Preposing）

a. Mary plans for John to marry her, and he will marry her.

b. Mary plans for John to marry her, and marry her he will.

⑰　方向副詞前置（Directional Adverb Preposing）

a. The dog trotted up the street.

b. Up the street trotted the dog.

⑱　補文の前置（Complement Preposing）

a. I think that syntax and semantics are related.

b. Syntax and semantics are related, I think.

⑲　主題化 (Topicalization)

a. You should read this book.

b. This book you should read.

⑳　付加疑問文形成（Tag Question Formation）

The square root of nine is three, isn't it?

しかしながら、Hopper and Thompson (1973)が指摘しているように、主節
現象が従属節において観察される場合がある。すなわち、構造上は従属節では
あっても、意味的に主節として機能していれば、あるいは、彼らの用語で言え
ば、その部分が前提とされているのではなく主張されていれば、主節現象が起
こりうるのである。以下でHopper and Thompson (1973)の分析を見ておこう。

Hopper and Thompson (1973)は、Emondsの分析の不備を指摘し、多くの
補文で主節現象が生起しうることを明らかにした。彼らは、動詞をA〜Eの
5つのタイプに分類し、それぞれの動詞が取る補文において主節現象が起こり
うるか否かを検討している。まず、A類の動詞には、"say" "report" "be true" "be
certain"等が含まれ、こういった動詞の補文では主節現象が起こりうる。

㉑　Wendy said she opened the window and in flew Peter Pan.

㉒　The scout reported that beyond the next hill stood a large fortress.

㉓　It's true that never in his life has he had to borrow money.

㉔　It's certain that playing in tomorrow's concert will be Arthur Rubinstein.

B類の動詞には、"suppose" "guess" "seem" "appear"等が含まれる。これらの動詞の補文についても主節現象が観察される。

㉕　I suppose falling off the stage was quite embarrassing, wasn't it?

㉖　I guess it's a waste of time to read so many comic books, isn't it?

㉗　It seems that on the opposite corner stood a large Victorian mansion.

㉘　It appears that this book he read thoroughly.

C類の動詞には、"be possible" "be likely" "be probable"等が含まれるが、その補文では主節現象は起こらない。

㉙＊Sally plans for Gary to marry her and it's possible that marry her he will.

㉚＊It's likely that seldom did he drive that car.

㉛＊It's probable that Wendy opened the window and in flew Peter Pan.

D類の動詞である "bother" "be surprised" "be sorry"等の補文は、その命題が真であることが前提とされており、主節現象は起こらない。

㉜＊Sally plans for Gary to marry her, and it bothers me that marry her he will.

㉝＊He was surprised that never in my life had I seen a hippopotamus.

㉞＊Wendy was sorry that she opened the window and in flew Peter Pan.

E類の動詞に含まれるのは、"find out" "see" "discover"等であり、これらの動詞の補文では主節現象が起こりうる。

㉟　I found out that never before had he had to borrow money.

㊱　Tinker Bell saw that Wendy opened the window and in flew Peter Pan.

㊲　The scout discovered that beyond the next hill stood a large fortress.

2．"NP is that S" 構文についての分析

本節で"NP is that S"構文と呼ぶのは、以下のような構文である。

㊳ The fact is that companies do not employ women.

㊴ The wonder is that anyone in Mozambique has been willing to give

peace a chance. (*Newsweek*, March 1st, 1993)

㊵ The trouble is that they drain feeble resources away from conventional

tasks, such as basic upkeep of ground troops and military hardware.

(*Newsweek*, March 1st, 1993)

㊶ And then in the 20th century the irony is that people say one reason

New Orleans has so much of its historic architecture is because it's so

poor. (NHKラジオ英会話 1995 年 8 月)

㊷ But the truth is, viewers were fooled and saw only what the network

and the program's producers wanted them to see.

(*Mainichi Weekly*, Jan. 28th, 1995)

稲田（1989：96-98）によれば、抽象名詞の名詞句補文に相当するものがbe
動詞の補部に現れる場合、一見したところ主語の抽象名詞の補部であるように
見える。以下の例が示すように、主語が補部を含んでいれば、be補部は許さ
れないからである。

㊸ the plan for John to leave.

㊹ The plan is for John to leave.

㊺＊The plan for John to leave is that Bill should stay.

このような対応関係に基づき、Chomsky (1975)は、be補部は主語からの焦
点移動によって派生するとしているが、Higgins (1973)が指摘しているように、
常にこのような対応関係があるわけではない。

㊻ The beauty of the proposal is that it doesn't offend him.

㊼ The upshot was that we were not admitted.

㊽＊the beauty of the proposal that it doesn't offend him.

㊾＊the upshot that we were not admitted.

be補文の中には名詞句補文としては許されないものがある。逆に、名詞句
補文にはなれるがbe補文にはなれないものもある。

㊿ John's anger that he was not chosen.

(51) Mary's insistance that we should leave

(52) *John's anger was that he was not chosen.

(53) *Mary's insistance is that we should leave.

さらに、名詞句補部とbe補部の両方に補文を含む場合もある。

(54) The best proof that John was not lying is that he was here last night.

(55) The first indication that anything might be wrong was that the barrel hadn't been refilled.

主語に複数名詞が現れた(56)〜(59)のような例の存在も、be補部を主語からの焦点移動によって派生する分析の不備を示すものかもしれない。

(56) The rumors are that perhaps Ferry worked too hard on it and the album became too complex to mix. (*Mainichi Weekly*, March 24th, 1993)

(57) Indications are that much of your time may be devoted to children's problems. (*Mainichi Weekly*, August 12th, 1995)

(58) If Rostain and Mouron manage to get the pictures they want, and if Dechavanne chooses to sue, chances are good that he'll win. (*Newsweek*, Oct. 19th, 1992)

(59) The odds are high that Perot would turn into an exploding cigar, resigning in disgust amid huge publicity that harms the administration. (*Newsweek*, Nov. 9th, 1992)

このような言語事実を踏まえて、稲田（1989）は、be補部は焦点移動によるものではなく、基底構造で生成されるbe動詞の補部であり、be補部の位置に主語の内容と関連した補部が生起可能であるのは、be動詞そのものの機能によるとしている。すなわち、(60)に見られるような主語の特性を叙述する叙述的（predicational）用法と(61)に見られるような主語の内容を限定したり補部によって特定する特定的（specificational)用法である。

(60) John's decision was very stupid.

(61) John's decision was to leave for Boston.

"NP is that S"構文が可能であるのは、特定的用法を持つbe動詞の機能によるということになる。

　"NP is that S"構文については、別の観点からの分析も試みられている。

　岡田（1985）や大室（1984）は、"NP is that S"の"NP is"を挿入節として分析している。以下の例から明らかなように、"NP is"は、"I think"や"I am sure"といった挿入節と同様の振る舞いを見せる。

62　They didn't try hard enough, the fact is.

63　They didn't try hard enough, the trouble is.

64　This, I think, is his best novel.

65　He will, I am sure, fail the exam.

　岡田（1985）および大室（1984）の挿入節の分析は、Kajita (1977)の動的文法理論に基づいている。Kajita (1977)は、文法規則を基本的なものと派生的なものに分け、一定の条件が満たされた場合に限り、基本的な規則を基にして、派生的な規則が習得される可能性が生ずると仮定する。例えば、66 67のような前置詞句について見てみよう。

66　He flew from Moscow to Manilla.

67　The temperature turned from cold to hot.

　67のような前置詞句は、一定の情況が出来上がった時にのみ生じうるという。この場合、一定の情況とは、68 69に見られるように、名詞句には個を表す指示的な用法の外に形容詞句と同じような性質を示す述詞としての用法があることが習得されていることである。

68　He is/became a doctor.

69　He is/became rich.

　さらに、70に見られるように、述詞としての名詞句が意味上補語のような働きをする前置詞句内に起こることも習得されていなければならない。

70　He turned from a cook to a doctor.

　そして、述詞となりうる統語範疇のギャップを埋めるようにPP ⇨ P + APが導入され67のような表現が可能になったと考えるのである。

　71のようないわゆる難易文についても同様の分析が行われる。

71　The book is difficult/easy to read.

述語が難易を表すという意味的な要件が満たされると、主節の述語が形容詞

に限られなくなり、⑫のような文が可能になる。

⑫ The house is a breeze to clean.

さらに、⑬⑭のように、個々の語彙項目としてではなく、述語全体が難易を表すようになっていても、同構文が許される。

⑬ This book does not require specilized knowledge to read.

⑭ The burden is over his capacity to bear.

主節述語に関する意味上の類似という要因から構文上可能な文法範疇が拡大するわけである。

Kajita (1977)では、派生的な規則の一つとして、統語的再解釈規則が提案されている。この規則は、主要部と非主要部の衝突（Head-Nonhead Conflict）という条件が満足された時、初めて文法に導入される。主要部と非主要部の衝突とは、統語的主要部が意味的非主要部と意識され、統語的非主要部が意味的主要部と意識されることをいう。統語的再解釈規則は、主要部と非主要部の衝突を除去するように、一定の構造をモデルとして、統語的主要部であった要素を統語的非主要部へといわば格下げし、統語的非主要部であった要素を統語的主要部へと格上げする。統語的再解釈規則によって生成される構文の一つとして、Kajita (1977)は、挿入節をあげている。すなわち、⑮⑯は、それぞれ⑰⑱をモデルとして、⑲のような構造から⑳のような構造へと統語的に再解釈されるのである。

⑮ I presume that there is some discontent among the members.

⑯ It seems that your suggested solution is grossly oversimplified.

⑰ Presumably, there is some discontent among the members.

⑱ Seemingly, your suggested solution is grossly oversimplified.

⑲ [s I presume that [s there is some discontent among the members.]]

⑳ [s [SAdv I presume that] [s there is some discontent among the members.]]

統語的再解釈規則によって生成される構文には、その帰結として、次のような付随現象が起きるという。

まず、統語的再解釈規則は、非主要部であった要素を新たに主要部へと格上

げするので、再解釈以前は主要部でないことを示すために必要とされた従属標識（Subordinator）が、再解釈後はその機能を失い削除されるようになる。Kajita (1977)は、この規則を従属標識削除（Subordinator Suppression）と呼んでいる。⑧⑧では、thatが削除されている。

⑧ I presume there is some discontent among the members.

⑧ It seems your suggested solution is grossly oversimplified.

　次に、統語的再解釈規則は、主要部であった要素を非主要部へと格下げするので、格下げされた要素は、非主要部であることを再解釈前よりもより明示的に示す位置へと移動されることになる。この規則は、Kajita (1977)では、非主要部移動（Nonhead Shift）と呼ばれている。

⑧ There is some discontent among the members, I presume.

⑧ Your suggested solution, it seems, is grossly oversimplified.

　岡田（1985）および大室（1984）は、"the fact is that S"構文についても統語的な再解釈が起こりうるとしている。大室（1984）によれば、⑧は⑧をモデルとして⑧の構造から⑧の構造へと統語的に再解釈されるという。

⑧ The fact is that nobody knows.

⑧ In fact, nobody knows.

⑧ [s The fact is that [s nobody knows.]]

⑧ [s [SAdv The fact is that] [s nobody knows.]]

　先に見た統語的再解釈規則によって生成された構文に観察された付随現象が⑧のような文についても認められる。まず、⑧には、従属標識削除が適用される。

⑧ The fact is, nobody knows.

さらに、非主要部移動が適用される。

⑨ Nobody, the fact is, knows.

⑨ Nobody knows, the fact is.

先にあげた㉖ ㉖についても同様である。

　⑧のような"the fact is that S"構文においては、⑧に見られるように、統語的主要部つまり主節であったものが統語的非主要部に格下げされ、統語的非

主要部つまり補文であったものが統語的主要部つまり主節に格上げされているわけであるから、"the fact is that S"構文でも、先に見たいくつかの構文と同様に補文内で主節現象が起こることが予想される。以下にあげるのは、大室（1984）から取ったものであるが、同構文の補文において、⑨では否定副詞前置（Negative Adverb Preposing）が、⑨では動詞句前置（VP Preposing）が起こっており、⑨では補文内に文副詞が現れている。

⑨ The important fact is that never before have prices been so high.

⑨ John says he'll win it, and our hope is that win it he will.

⑨ The problem was that frankly, Bobby never had a chance.

さらに、大室（1984）は、従属標識削除、非主要部移動、主節現象が同時に生じている例として次の⑨⑨のような例をあげている。⑨では否定構成素前置（Negative Constituent Preposing）が、⑨では主語・補語倒置（Preposing Around Be）が観察される。

⑨ Nowhere, my belief is, has the school teacher had more authority in language matters.

⑨ Also greatly in need of overhauling, his belief is, are the universities.

以上、本節では、主語＋他動詞構文、および仮り主語のit＋自動詞構文の補文に加えて、NP is that S構文の補文において構文上の主従関係と意味上の主従関係の間に不一致が生じ、その結果、同構文の補文において主節現象が起こりうることを見た。

3. There is NP that S 構文

本節で考察の対象となるのは、以下のような文である。

⑨ There has been speculation that the Japanese Red Army is attempting to set up a base in Latin America to promote revolution in cooperation with Peru's Shining Path rebels. (*Mainichi Weekly*, June 22nd, 1996)

⑨ In (55) to which Complement Preposing has applied, there is no doubt the complement proposition is the main assertion, and the original main verb merely parenthetical, because the complement takes the position of the main assertion. (Hpper and Thompson (1973:475))

⑨⑨ This is a strong claim, and though, on the other hand, there is little doubt that it is correct for conversational English, on the other hand, our data show that... (Baayen, R. H. and Renouf, A.(1996:73))

構造上は、これらの構文は"NP that S"という複合名詞句を含んでいる。Hopper and Thompson (1973)は、claim, report, announcement, idea といった名詞を主要部に持つ補文は、前提されてもいないし、主張されてもいないという。例えば、⑩においては、命題⑩が真であることが主張されているわけではないし、同命題が前提とされているわけでもない。

⑩⓪ The claim that the math department was folding was denied by Professor Cantor.

⑩① The math department was folding.

したがって、以下に見られるように、このような補文においては主節現象は起こりえない。

⑩② ＊Your notion that never before have the children had so much fun is absurd.

⑩③ ＊1 don't believe the report that up the street trotted the dog.

⑩④ ＊The announcement that speaking at today's luncheon will be our local congressman turned out to be false.

⑩⑤ ＊John has disproved the theory that the thief sneaked away in time, evidently.

⑩⑥ ＊Bill's claim that each part he examined carefully is clearly false.

確かに、⑩②〜⑩⑥のような主語や目的語の位置に現れた複合名詞句の補文については主節現象は生起しないと考えられるが、㊗〜⑨⑨のようなthere構文中に現れた複合名詞句の補文においては多少事情が異なるようである。次の例を見られたい。

⑩⑦ There's a certainty that Arthur Rubinstein will be playing in tomorrow's concert.

本例の補文においては、主節現象の一つであるPreposing Around Beが生起可能であると思われる。

ⓘⓘ There's a certainty that playing in tomorrow's concert will be Arthur Rubinstein.

類例をいくつか検討してみよう。

ⓘⓘ There's an expectation that our congressman will be speaking at today's luncheon.

ⓘⓘ*There's an expectation that speaking at today's luncheon will be our congressman.

本例は、以下のようにすると容認度が上がるようである。

ⓘⓘ ? I/We have the expectation that speaking at today's luncheon will be our congressman.

ⓘⓘ There's an idea that falling off the stage was most embarrassing of all.

ⓘⓘ*There's an idea that the most embarrassing of all was falling off the stage.

本例は、ⓘⓘのようにすると容認度が上がるようである。

ⓘⓘ ? I hold to the idea that most embarrassing of all was falling off the stage.

there構文中に現れた複合名詞句の補文の例を続ける。

ⓘⓘ Sally plans for Gary to marry her and there's a possibility that he will marry her.

ⓘⓘ Sally plans for Gary to marry her and there's a possibility that marry her he will.

ⓘⓘ There's a likelihood that he seldom drove that car.

ⓘⓘ*There's a likelihood that seldom did he drive that car.

ⓘⓘ There's a probability that Wendy opened the window and then Peter Pan flew in.

ⓘⓘ There's a probability that Wendy opened the window and then in flew Peter Pan.

⑿　There's a presumption that the terror brought down Flight 800.

⑿＊There's a presumption that Flight 800 the terror brought down.

筆者のインフォーマントは、Topicalization が生じた⑿のような文は容認しなかったが、Left Dislocation が行われた⑿のような文は容認した。

⑿　There's a presumption that Flight 800 the terror brought it down.

⑽〜⑿の中には、対応する「主語＋他動詞」構文あるいは「仮り主語の it ＋自動詞」構文が想定されうるものがある。例えば、⑽⑽については、以下のような構文が意味的に対応すると考えられる。

⑿　It's certain that playing in tomorrow's concert will be Arthur Rubinstein.

しかしながら、There is NP that S 構文における主節現象の生起の可能性と対応する「主語＋他動詞」構文および「仮り主語の it ＋自動詞」構文における主節現象の生起の可能性が一致するとは限らないようである。

⑿　I expect that speaking at today's luncheon will be our congressman. (cf. ⑽)

⑿　I think that most embarrassing of all was falling off the stage. (cf. ⑾)

⑿＊Sally plans for Gary to marry her and it's possible that marry her he will. (cf. ⑾)

⑿＊It's likely that seldom did he drive that car. (cf.⑾)

⑿＊It's probable that Wendy opened the window and then in flew Peter Pan. (cf. ⑿)

先に第 2 節で見た Kajita (1977) の理論に従えば、本節で議論している⑿のような構文は、⑿のような構文をモデルにして⑿のように再分析されるものと思われる。

⑿　There's a possibility that John killed his wife.

⑿　Possibly John killed his wife.

⑿　[s [SAdv There's a possibility that] [s John killed his wife.]]

しかしながら、「主語＋他動詞」「仮り主語の it ＋自動詞」「NP is that」といった要素とは異なって、「there's NP that」は挿入節としての振る舞いは見せない。

⑿＊John killed his wife, there's a possibility.

⑭＊Wendy opened the window and then in flew Peter Pan, there's a
 probability.

以上、本節では、There is NP that S構文においても構造上の主従関係と意味
上の主従関係の間に不一致が生じており、その補文において主節現象が起こり
うることを指摘した。

4. NP has it that S 構文について

本節で取り上げる NP has it that S構文とは、以下のような構文である。該当
する構文を下線で示してある。

⑬ Legend has it that an amphora was once found in a pharaoh's tomb, and
 when it was opened a perfume was released. After all those thousands
 of years, a perfume of such subtle beauty, and yet such power, that for
 one single moment ever person on Earth believed they in paradise.
 Twelve essences could be identified, but the 13th, the vital one, could
 never be determined.   (*Mainichi Weekly*, March 10th, 2007)

以下では、同構文の主文の主語位置に現れる名詞句、主文の動詞、主文と従
属文との関係等に注目しながら分析を進める。まず、主文の主語位置に現れる
名詞句について見てみよう。

4.1　NPに関する制約

NP has it that S構文においてNPの部分にどのような名詞句が現れているか
見ておこう。次の諸例では、NPに "legend" が現れている（下線は筆者による）。

⑬ The most precious item is the Kasikci Diamond, also known as the
 Spoonmaker's Diamond, which weighs 86 carats. Legend has it that
 this diamond was found in a rubbish heap in EgriKapi and traded for
 three spoons, hence its name.   (*Mainichi Weekly*, Feb. 21st, 2004)

⑬ But perhaps the most famous aspect of Chambord is the double-helical
 staircase inside. The piece is well-known because it contains two

independent staircases, which intermingle and appear to meet - but never do. <u>Legend has it that</u> Leonardo da Vinci designed this staircase - and perhaps most of the castle itself - during his stay in the Loire Valley nearly 500 years ago. 　　　　(*Mainichi Weekly*, April 6th, 2002)

⑱ It quickly transpires that a dangerous and enigmatic wizard, Sirius Black (Gary Oldman), has escaped Azkaban prison and is believed to be searching for Harry. <u>Legend has it that</u> Black was responsible for leading Lord Voldemort to Harry's parents and ultimately to their subsequent deaths; it is also believed that he is determined to kill Harry too. 　　　　(*Mainichi Weekly*, July 3rd, 2004)

これまでに見た例と形態は異なるが、以下の例は、"legend has it that S" と同じような意味を表していると考えられる。

⑲ But the promotion of tourism and the protection of cultural and environmental treasures often clash. The state tourist department has started to train guides and hotel staff in hopes of striking a balance between the two, and it also plans to conduct seminars to educate the local people. <u>Legend says that</u> a dragon lives on Sao Luis Island. It is sleeping now, but when it awakes, the whole island will sink into the sea. 　　　　(*Mainichi Weekly*, July 22nd, 2006)

⑭⓪ The race originated in the 15th century in Olney, where <u>legend holds that</u> a woman engrossed in using up the remainder of her cooking fat, forbidden during Lent, heard the church bells ringing and raced to the church, skillet in hand. 　　　　(*Student Times*, March 9th, 2001)

NP に "rumor(s)" が現れる例も観察される

⑭① Production company Entertainment Films had to spend £ 40,000 (¥8.96 million) building a corrugated iron wall to keep girls out, and one besotted fan sneaked past tight security and wormed her way into his bathroom. <u>Rumor has it that</u> the intruder refused to leave-Brad and Gwyneth were about to go to bed - without a Brad kiss. It was the last straw for Gwyneth. (*Student Times*, May 1st, 1998)

⑭ <u>Rumor has it that</u> anxious parents paid in the thousands of dollars to procure these dolls on the black market.

(*Student Times*, Dec. 19th, 1997)

他にも、以下に見られるように様々な名詞がNPの位置に現れる。

⑭ <u>Popular myth has it that</u> one of the most remarkable conversations in modern literary history took place on a cool and misty late autumn afternoon in 1896, in the small village of Crowthorne in the country of Berkshire. (S. Winghester, *The Professor and the Madman*)

⑭ Puppetry in Japan dates back to at least the 11th century, perhaps via Asia. But Sanjo, on the island of Awaji, is considered its traditional birthplace. <u>Story has it that</u> the prayers of Shinto priest Dokumbo from Nishinomiya, to Ebisu, the patron god of fishermen, were effective in keeping the sea calm. (*Mainichi Weekly*, March 3rd, 2001)

⑭ Yet <u>word has it that</u> in Hollywood anyway, Crowe is sometimes not easy to work with, nor as happy as in the past. "What it boils down to, "he says,"is a constant clash of personalities."

(*Student Times*, Jan. 5th, 2001)

⑭ <u>Medical knowledge has it that</u> the nerve endings in your ears are being irrecoverably damaged if the background decibel is such that you have to shout to make yourself heard above it (decibels are measured logarithmically - as decibel intensity creases by units of 10, each increase is 10 times the lower figure. Twenty decibels are 10 times the intensity of 10 decibels, and 30 decibels are 100 times as intense as 10 decibels). (*Student Times*, May 29, 2001)

⑭ Ivory Coast won its lone African Nations Cup title in 1992. <u>Popular belief has it that</u> the government solicited off-field help that year from the sorcerers of Akradio, a village outside the commercial capital of Abidjan. (*Mainichi Weekly*, April 20th, 2002)

⑱ <u>The received wisdom has it that</u> Doctor Murray was perplexed, even vaguely irritated. It is said that he vowed, out of all his lexicographic knowledge, to take a leaf from Francis Bacon, who in 1624 had written in English the axiom from the collection of the Prophet's sayings known as the hadith, to the effect that "If the mountain will not come to Mahomet, then Mahomet must go to the mountain."

(S. Winghester, *The Professor and the Madman*)

4.2　主節部分の動詞の形態

NP has it that S 構文の主文の動詞について観察してみると、その時制は現在時制に限られないことが分かる。次の例では、過去形の動詞が現れている。

⑲ U.S. new reports said the Yankees already had decided to try to sign Matsui. The Yankees are apparently an ideal team for the outfielders, nicknamed "Godzilla, "to join because <u>rumors had it that</u> outfielders Rondell White and Raul Mondesi will be traded to make room for the Central League home run king.　(*Mainichi Weekly*, Nov. 16th, 2002)

⑮ Gypsies were considered as witches, for they indulged in work from the dark. However, this did not matter to the young maiden. She had a question, which was too important to be left unanswered. Her soldier had gone off to war with the promise of marriage upon his return. But much time had passed and <u>rumor had it that</u> he lost in the battles which plagued the surrounding villages. (*Mainichi Weekly*, Sept. 20th, 2003)

⑮ <u>Scuttlebutt had it that</u> the American ambassador had fled to Bangkok.

(*Into the Black Sun*)

NP has it that S 構文の主文の動詞部分には、現在完了が現れる場合もある。

⑮ Those at the dinner knew why he had not come: They knew that he was a hermit, that he was difficult. But no one knew - or so <u>the story has long had it</u> - exactly why the man next mentioned had not turned up.

(S. Winghester, *The Professor and the Madman*)

4.3 主節の挿入節化

NP has it that S 構文は、構造上は⑮のように分析され、that 節が従属節とし
て NP に導かれた主節に埋め込まれている。

⑮ [NP has it [that S]]

しかしながら、実例を観察してみると、主節要素である "NP has it" が挿入節
として機能している例が見いだされる。

⑭ She is famous for being personable and friendly, and she inspires great
loyalty in the children. She is called Banany because, as <u>school legend
has it</u>, the only thing she eats is bananas.

(Student Times, Sept. 7th, 2001)

⑮ The study of Korean is also on the rise. But there's been a darker side
- Fuyusona Rikon, or Winter Sonata divorces, which <u>rumor has it</u>
are caused because wives are too busy swooning over Bae instead of
spending time with increasingly frustrated hubbies.

(Mainichi Weekly, April 17th, 2004)

⑯ As <u>fate would have it</u>, Thane's family found themselves in a country on
the brink of civil war.　　　　(Mainichi Weekly, May 3rd, 2003)

⑰ As fate would have it, I was scheduled to be in Manhattan's World
Trade Center on Sept.11, the day the two commercial airliners crashed
into it. As <u>fortune would have it</u>, the attacks were perpetrated about
three hours before my scheduled visit. (Student Times, Nov. 2nd, 2001)

⑱ Until the perfect preventive comes along, should women at high risk
for breast cancer ask their doctors for tamoxifen? (Because tamoxifen
has been used for more than 20 years as a breast cancer treatment,
doctors can prescribe it for such "off-label" uses as prevention, but
government approval of such a use is at least six months away.) Many
worried women are considering it. Karen Recht, a gift-shop manager in
Wheeling, W. Va., was in the tamoxifen trial. As <u>chances would have
it</u>, she received the placebo.　　　　(Newsweek, April 20th, 1998)

⑯ One of the financial world's most popular parlor games is to ridicule the credit rating agencies, which have failed to flag such corporate disasters as Enron. As <u>the wags have it</u>, Standard & Poor's should be renamed Poor Standards. And Moody's is, well, just Moody.

(*Student Times*, June 28th, 2002)

このような例が存在することから、NP has it that S 構文でも、構造上の主節と意味上の主節が異なっている可能性があると思われる。すなわち、構造上はthat 節の部分は従属節であるが、意味の上では主節として機能している可能性があるということである。

5.　3 章のまとめ

本章では、NP is that S 構文、There is NP that S 構文および NP has it that S 構文を分析し、これらの構文において構造上の主従関係と意味上の主従関係の不一致が生じている可能性があることを論じた。これらの構文では、以下に示すような統語上の再解釈が行われた結果、これまでに観察した様々な現象が生じたものと思われる。

[s NP is that[S]] ⇨ [s [SAdv NP is that] [S]]

[s There is NP that[S]] ⇨ [s [SAdv There is NP that] [S]]

[s NP has it that[S]] ⇨ [s [SAdv NP has it that] [S]]

第**4**章 ...

日本語の2つのタイプの分裂文をめぐって

　英語では、①のような文から②、③のような2種類の分裂文が派生される。②は、Cleft あるいは It-Cleft と呼ばれ、③は Pseudo Cleft あるいは Wh-Cleft と呼ばれる。

　① 　John bought a book.

　② 　It is a book that John bought.

　③ 　What John bought is a book.

　②、③の分裂文は、"John bought something." といった前提を持つという点では共通しているが、情報構造が異なっている。④、⑤に示したように、It-Cleft は「焦点＋前提」の情報構造を持つのに対して、Wh-Cleft のそれは「前提＋焦点」となっているのである[1]。

　④ 　<u>It is a book</u> <u>that John bought</u>.
　　　　　　焦点　　　　　前提

　⑤ 　<u>What John bought</u> <u>is a book</u>.
　　　　　　前提　　　　　　焦点

英語の Cleft Sentence に対応するのは、⑥のような文から派生された⑦のような文である。

　⑥ 　太郎は本を買った。

　⑦ 　太郎が買ったのは本だ。

⑦は「太郎が何かを買った」という前提を持ち、その情報構造は⑧のようなものである。

　⑧ 　<u>太郎が買ったのは</u> <u>本だ</u>。
　　　　　　前提　　　　　　焦点

　筆者はこれまで、英語との比較も含めて、日本語の分裂文を様々な観点から分析してきた[2]。本章では、前提部分が「は」でマークされた⑦のような分裂文と「が」でマークされた⑨のような分裂文を考察の対象とし、両構文の機能の違いを構文レベルおよび談話レベルで明らかにしていく。

　　⑨　太郎が買ったのが本だ。

　以下、本章においては、⑦のような文を「は」分裂文あるいは「XのはYだ」構文と呼び、⑨のような文を「が」分裂文あるいは「XのがYだ」構文と呼ぶこととする。

　本章の構成は以下の通りである。次の第1節では、両構文の相違点を構文レベルで検討し、第2節では、両構文の談話における振る舞いの違いを分析する。第3節は、まとめである。

　なお、本章で考察の対象とする分裂文は、対応する通常の語順の文を持たなければならないということに注意されたい。例えば、⑦や⑨のような分裂文は、⑧のような対応する通常の語順の文を持ち、⑩、⑪のような分裂文は、それらに対応する通常の語順の文⑫、⑬を持つ。

　　⑩　太郎が花子に会ったのは（が）大阪だ。

　　⑪　太郎が花子と結婚したのは（が）5年前だ。

　　⑫　太郎は大阪で花子に会った。

　　⑬　太郎は5年前に花子と結婚した。

　しかしながら、⑭のような文は「Xのは（が）Yだ」の形式は持つものの、対応する通常の語順の文を持たないので、分裂文とは区別される。

　　⑭　花子が太郎と離婚したのは残念だ。

1．構文レベルにおける違い

　本節では、「Xのは（が）Yだ」構文において「Y」の位置にどのような要素が現れうるかということを中心に議論する。

　まず、いわゆるとりたて詞との共起関係を見ると、以下に明らかなように、「XのはYだ」構文では「Y」に「だけ」を付加することが可能であるが、「X

のがYだ」構文では「Y」に「だけ」を付加すると非文となる。

　⑮　昨日太郎が買ったのはこの本だけだ。

　⑯＊昨日太郎が買ったのがこの本だけだ。

　この事実は、「は」分裂文は「…のは他の何物でもなく～だ」といった排他の意味を表すのに対して、「が」分裂文はそのような意味を表さないということを示している。

　次に、両構文の「Y」の位置に疑問詞が現れると以下のような容認度の違いが観察される。

　⑰　昨日花子に会ったのは誰だ。

　⑱＊昨日花子に会ったのが誰だ。

　この容認度の違いは、「誰」「何」「どこ」といった疑問詞は常に新情報を表すため、「が」分裂文が「は」分裂文と異なって「前提＋焦点」あるいは「旧情報＋新情報」といった情報構造を持たないからではないかと思われる。このことを以下でさらに詳しく検討してみよう。

　例文⑲～㉒を見られたい。

　⑲　個性化、ハイテクの新しい波の中で教師は手探りでマニュアル作りに
　　　乗り出しているのが／？は現状だ。

　⑳　現状は／＊が、個性化、ハイテクの新しい波の中で教師は手探りでマ
　　　ニュアル作りに乗り出している。

　㉑　GB理論を提唱したのが／はチョムスキーだ。

　㉒　チョムスキーは／がGB理論を提唱した。

　⑲では「は」が不自然であるが、㉑では「が」「は」ともに自然である。また、⑳では「が」が不自然であるのに対して㉒では「は」「が」ともに自然である。これらの文に見られる文法性の違いは、名詞句の性格の違いに起因するものであると考えられる。㉑の下線部、「チョムスキー」は主題として解釈される以外に、焦点としての解釈も可能であるが、⑲の下線部、「現状」は主題としての解釈しか許さないと思われる。次例についても同様である。

　㉓　カタギの衆には手を出さないのが／？は本当のヤクザというものだ。

　㉔　本当のヤクザというものは／＊がカタギの衆には手を出さない。

「〜というもの」といった表現は、総称的で主題として解釈されやすい。このことが㉓㉔の文法性の違いに反映されているのだと思われる。これまでの観察から、「XのはYだ」構文は「前提＋焦点」という情報構造を持つのに対して、「XのがYだ」構文は「Comment＋Topic」といった情報構造を有するのであるというとりあえずの結論を導くことができよう。このような情報構造を持つ「が」分裂文は、仁田（1989）のいうところの「転移陰題の有題文」に相当するものであると考えられる。転移陰題の有題文とは、仁田（1989）によれば、「その県版を作るのが地方部の仕事です」のような「地方部の仕事とは？」といった解説を求められている項に対して、題目と解説をひっくり返した形で答えているもの、ということである。「が」分裂文の転移陰題の有題文的性格をさらに見ていこう。

㉕　a. 天皇陛下はこのホテルに泊まった。

　　b. 花子はこのホテルに泊まった。

㉖　a. 天皇陛下が泊まったのが／はこのホテルだ。

　　b. 花子が泊まったの？が／はこのホテルだ。

㉕a、bがともに自然な文であるのに対して、㉖bの「が」分裂文は㉖aの「が」分裂文と比べて自然さが劣る。これは、「天皇陛下が泊まった（こと）」は「このホテル」の有意味な叙述となりうるが、「花子が泊まった（こと）」は主題である「このホテル」の有効な叙述とはなりえないからである。さらに、「XのがYだ」構文の「Y」の位置に後置詞句が現れた以下の例を見てみよう。

㉗　会社はあの銀行から借金をしている。

㉘　会社が借金をしているのはあの銀行／あの銀行からだ。

㉙　会社が借金をしているのがあの銀行／＊あの銀行からだ。

益岡（1991）は、格助詞付きの主題は非プロトタイプ主題であるとしている。㉙において、名詞句「あの銀行」が「XのがYだ」構文の「Y」の位置に現れうるのに対して後置詞句「あの銀行から」が現れえないのは、「が」分裂文が「Comment＋Topic」の情報構造を持っており、同構文のTopicの位置には典型的な主題である名詞句は現れうるが、非典型的な主題である後置詞句は現れにくいからであると思われる。㉘において、名詞句と後置詞句の両方が「X

のは Y だ」構文の「Y」の位置に現れうるのは、「は」分裂文が「前提＋焦点」
の情報構造を持っており、名詞句と後置詞句がともに焦点化可能な要素である
からである。

　㉙で見たように、後置詞句は、転移陰題の有題文の性格を持つ「が」分裂文
の主題の位置には現れることができなかったが、以下に見るように、通常の主
題の位置には名詞句以外に後置詞句も現れうる。

　㉚　あの銀行は会社が借金している。

　㉛　あの銀行からは会社が借金している。

　このことから、㉙の「が」分裂文の非文法性は、後置詞句が非プロトティピ
カルな主題であるということに加えて、同構文の主題位置、すなわち「X のが
Y だ」の「Y」の位置が、プロトティピカルな主題位置ではないということが
関係していると考えられる。

2.　談話レベルにおける違い

　次の対話を見られたい。

　㉜　a.　田中さんってどの人ですか。

　　　b1.　あそこにいるのが／＊は田中さんです。

　　　b2.　＊あそこに田中さんがいます。

　㉝　a.　あれは誰ですか。

　　　b1.　あそこにいるの＊が／は田中さんです。

　　　b2.　＊あそこに田中さんがいます。

　㉜において、「田中さん」はいわゆる旧情報であり、この場合、b1 では「が」
分裂文が自然であり、「は」分裂文は不自然である。一方、㉝では、「田中さ
ん」はいわゆる新情報であるが、この場合は、b1 では「は」分裂文が自然で
あり、「が」分裂文は不自然である。両例において、通常の語順の文である b2
はともに不自然である。以下では、もっと広い文脈において、2 つのタイプの
分裂文がどのような機能上の違いを見せるかについて考察する[3]。まず、次の
2.1 で「は」分裂文を取り上げ、続く 2.2 で「が」分裂文について議論するこ

ととする。

2.1 「は」分裂文の談話における機能

「は」分裂文の談話における振る舞いを観察すると、同構文が3つのタイプに分類されることが分かる。

2.1.1 話題導入タイプ

日本語の分裂文は、「太郎が殴ったのは花子だ」といった例に見られるように、「〜の」の部分に「太郎がXを殴った」といったように変項の存在が想定され、この変項に値を与える要素が「〜だ」の位置に現れる形で成り立っている。このような変項の存在が想定される命題をPrince (1986)に従ってOpen Proposition (OP)と呼ぶことにするが、本節で「話題導入タイプ」と呼ぶ「は」分裂文は、OPに含まれる変項に値を与える形で談話に話題が導入され、後続部分に導入された話題に関する記述が現れる。次例を見られたい。

㉞　英国の上下両院議長はスピーカーと呼ばれる。それにならって米国の下院議長もスピーカーだ（上院議長はプレジデント）。スピーカーとは議院のために代弁するという意味で、国王に対して議院の見解を述べ、議院には国王の意見を伝えるのが役目だ。英国で最初にスピーカーと呼ばれたのは14世紀のトマス・ハンガーフォードである。この人は国王の前で堂々と議院の意思を述べたために国王の怒りに触れ、投獄されてしまった。　　　　　　　　（毎日新聞 1992年1月23日）

本例の「は」分裂文においては、OPに「Xが英国で最初にスピーカーと呼ばれた」といったように変項の存在が想定され、この変項に値を与える形で「14世紀のトマス・ハンガーフォード」が「XのはYだ」の「Y」の位置に現れている。後続する「この人は…」以下の部分に「トマス・ハンガーフォード」に関する記述が認められ、同要素が「は」分裂文によって話題として談話に導入されていることが見てとれる。次の㉟についても同様である。

㉟　新年を迎え、日本が冷戦終結後の国際秩序構築に貢献する機会が訪れている。とくに、力強い発展を続けるアジアでの役割は大きいであろ

う。人種、宗教、政治体制、経済発展段階の多様なアジア社会に、日本は直接、間接に深いかかわりがある。<u>まず直接のかかわりで最も重要なのは、中国と朝鮮半島である。</u>中国は、政治的には強硬な社会主義保守路線を歩んでいるが、経済は好調である。（中略）朝鮮半島の情勢は希望が持てる。昨年 12 月の南北首相会談で、和解、不可侵、交流に関する合意書が調印された。　　　（毎日新聞 1992 年 1 月 6 日）

2.1.2　同定タイプ

　このタイプの「は」分裂文は、OP に存在が想定される変項に値を与える形で同定する。前節で見た話題導入タイプのように後続部分に「X のは Y だ」の「Y」の位置に現れた要素についての記述が続くことはない。談話の流れをスムーズにすることが話題導入タイプの「は」分裂文を使用する狙いであると思われるのに対して、同定タイプの「は」分裂文を使用する狙いは「Y」の部分を強調することであるように思われる。次の例を見てみよう。♯は談話の冒頭であることを示している。

㊱　♯本紙文化面「視点」の執筆者の一人、中村哲さんはパキスタン、アフガニスタンで医療活動を続けるお医者さんだ。<u>中村さんをこの地に結びつけたのは雄大な自然とチョウである。</u>1978 年、登山隊に加わってはじめてパキスタンの土を踏んだ中村さんは、数百円程度の薬も買えないで死んでいく人々を見てショックを受けた。数度往復したあげく、84 年にハンセン病の医師としてペシャワルのミッション系病院に赴任した。　　　　　　　　　　（毎日新聞 1992 年 1 月 19 日）

　本例では、「X が中村さんをこの地に結びつけた」というように変項の存在が想定され、この変項に「雄大な自然とチョウ」が値を与えている。後続部分から明らかなように、同要素に関する記述は見いだせない。次の㊲の下線部の「は」分裂文も同定タイプである。この例は、談話の最後に現れたものであり、後続部分が存在しないことから、話題を導入するといった機能を果たしていないことは明らかである。

㊲　結婚話は自分の都合で断りはしたが、なにか心に引かれるところが

あったのだろう。戦後、焼け野原を大塚まで行き、その小さな店を探しあて、道を隔てた遠くから奥さんとなった元気な姿を見て安心したことを覚えている。最初で最後の心に残る人とでもいうのだろうか。わたしが結婚したのはそれから 10 年以上もたった 44 歳のときであった。

（毎日新聞 1991 年 10 月 9 日）

2.1.3　降格タイプ

　本節で取り上げる「は」分裂文は、先に見た話題導入タイプおよび同定タイプとは構文としての性格が大きく異なっている。まず、次例を見られたい。

㊳　自分の身体の内側にありながら、いまも未知の部分を秘めているのが「脳」ではないだろうか。人体の中のワンダーランド。「魅力的だが、ナゾの多い機械」と表現する人もいる。ある外国作家も「脳は狭いが思想を秘めている」といった。ヒトの生と死の境界をめぐる「脳死」論争からも、関心を高めている。今週は、「脳とは何か」。「われわれの遠い祖先は自然の中に住んでいた。現代人は脳の中に住む」と、著書『唯脳論』（青土社）で書いたのは解剖学者の養老孟司氏である。一部から「脳がすべてではない」という誤解も招いたようだが、自然科学、人文科学の領域を越えて脳への関心に弾みをつける問題提起になったことも事実である。　　　　（毎日新聞 1991 年 10 月 14 日）

　本例の下線部を「解剖学者の養老孟司氏は「われわれの遠い祖先は…」と、著書『唯脳論』（青土社）で書いた」のように通常の語順にすると、主語の部分、「解剖学者の養老孟司氏」が目立ち過ぎて文脈に合わなくなると感じられる。本例の「は」分裂文においては、通常の語順のままでは目立ち過ぎて文脈にそぐわない要素が「XのはYだ」の「Y」の位置に降格されていると言えよう。後続部分との関係から考えて、コメント（X）とそれを行う人物（Y）ではコメントの方が重要であり、人物は分裂文に含まれる形で文脈に導入されはするが、後続部分に当該の人物に関する記述が現れるわけではない。降格タイプの「は」分裂文のこのような特徴を考えると、同構文が話題導入タイプの「は」分裂文や同定タイプの「は」分裂文とはかなり違った構文であることが分かる。

話題導入タイプおよび同定タイプの「は」分裂文は「前提＋焦点」の情報構造を有しており、いずれの構文においても「XのはYだ」の「X」の部分よりも「Y」の部分の方が情報としての重要度が高いからである。次の㉟も降格タイプの「は」分裂文の例である。

㉟　#台風を「熱帯からやってくる暴走給水車」と呼んだのは東大海洋研究所の木村竜治さんである。熱帯生まれの台風は大量の水分を含み、その水をはるばる日本列島にまで運んでくるから、というのだ。カラカラの首都圏に待望の雨をたっぷり降らせた台風 11 号は、文字どおり給水車だった。　　　　　　　　　（毎日新聞 1990 年 8 月 11 日）

コメントを談話に導入することが降格タイプの「は」分裂文の主たる機能であり、「XのはYだ」の「Y」よりも「X」の方がより重要であるといった点を考えると、同構文は分裂文の周辺に位置づけられるべきものであり、むしろ引用形式の一つと見なすのが妥当かもしれない。

2.2　「が」分裂文

「が」分裂文は、談話において観察される機能上の特徴に基づいて 2 つのタイプに分類される。

2.2.1 転移陰題タイプ

第 1 節で、分裂文を構文レベルで分析した際に、「が」分裂文が転移陰題の有題文の性格を持っていることを見たが、同構文の談話における振る舞いを見ると、このことがよりはっきりと分かる。

㊵　ゴキブリのツルツルした体にはキチンという物質が含まれている。エビやカニ、カブトムシ、クワガタムシの外側の硬い部分にも、トンボの羽にもキチンがある。サハリンで大やけどを負ったソ連のコンスタンチン君の一命を救ったのが／？はキチンだった。昨年 8 月、札幌医大病院に運ばれたコンスタンチン君には、…

（毎日新聞 1991 年 6 月 23 日）

先行文脈から明らかなように「キチン」は文脈上は旧情報あるいは主題であ

る。この点において、「は」分裂文、厳密には話題導入タイプと同定タイプの「は」分裂文では、「XのはYだ」の「Y」の部分が新情報であるのと対照的である。「サハリンで…救った」の部分は主題であるところの「キチン」に対する解説である。本例において「が」を「は」に置き換えると不自然になる。次例についても同様の分析があてはまる。

⑪　ロダンの言葉　高村光太郎訳編

絵かきになろうと東京に出てきたのですが、そのうち彫刻がいいと思いはじめ、いちばん授業料の安い国立の美術学校(現在の東京芸大)に入りました。22才のときです。それから粘土をいじりはじめ、今日に至るまで続いています。美術学校の学生のころに神田で買ったのが／？は高村光太郎訳編の『ロダンの言葉』（叢文閣）です。当時この本は一円でしたが、…　　　　　　　　（毎日新聞 1991 年 6 月 22 日）

本例は新聞の「私を夢中にした一冊」という欄からとった。書評欄の性格から考えて「高村光太郎訳編の『ロダンの言葉』（叢文閣)」が旧情報であることは明らかであろう。次の⑫の例も「が」分裂文が転移陰題の有題文として振る舞いうることを明示的に表している。

⑫　♯ジョルジュ・ドメストラル氏といってもまずご存じないだろう。細いナイロン地のテープを 2 枚合わせるとぴったりついて離れなくなる。あの面ファスナー（日本の商品名マジックテープ）ならご存じのはず。その面ファスナーを考案したのが／？はドメストラル氏である。気管支炎をこじらせて死去、という短い記事が新聞に出ていた。

（毎日新聞 1990 年 2 月 15 日）

次例にも同様の分析が可能であるが、⑩〜⑫とは多少異なっている。

⑬　米国では国務省高官が頻繁に市民との対話集会に出席し、米国の外交政策がいかに正しいかを熱心に説く。昨年暮れのイラク空爆では、オルブライト国務長官がテレビ中継付きの対話集会で、厳しい批判を浴びながらも、空爆の正当性を説明する場面があった。(中略) 1993 年 7 月、宮沢自民党政権に対する不信任案可決が引金となった総選挙の期間中、東京でサミット（主要国首脳会議）が開かれた。(中略) 対

日赤字の拡大にいら立つ米国が自民党政治への不満と政権交代への期待感を強めていることを印象づけ、非自民党政権誕生への追い風となった。メディアと世論が主役を演じるのが／？は米国である。それを相手にする外交は「政府と政府が話をすればすむわけではない」（斎藤氏）のだ。　　　　　　　　　　　　　　　　（毎日新聞1999年2月24日）

　「米国」が文脈上旧情報であり主題であることは、これまでに見た例と同様であるが、「XのがYだ」の「X」の部分、すなわち主題「Y」に対する解説にあたる「メディアと世論が主役を演じる」の部分は先行部分をまとめて新たに提示している点がこれまでの例と異なっている。このことは、下線部に「このように」といった表現を補って「このように、メディアと世論が主役を演じるのが米国である」というように書き換えられることからも明らかである。

　以上、本節では「XのがYだ」構文が談話において転移陰題の有題文として機能しうることを見た。

2.2.2　話題導入タイプ

　2.1.1で「XのはYだ」構文に話題導入の機能が認められることを観察したが、「XのがYだ」構文にも「XのはYだ」構文と同様に談話への話題導入機能が認められる。

　㊹　国立の京大には私学のようにスポーツ指導者を教職員として採用するシステムはない。水野監督が考えたのが練習に集中できる環境づくり。83年に学習塾を設立した。この「水野塾」と呼ぶ学習塾が、下宿生の多い部員の重要なアルバイト先であり、森コーチの就職先なのである。　　　　　　　　　　　　　　　　（毎日新聞1991年10月30日）

　「XのがYだ」の「X」の部分、すなわちOPに「水野監督はXを考えた」という形で変項の存在が想定され、この変項に値を与える形で「練習に集中できる環境づくり」が話題として談話に導入されている。下線部に後続する「83年に…」以下の部分は、話題として導入された「練習に集中できる環境づくり」に関する記述である。次の㊺㊻についても同様である。

　㊺　♯映画「第三の男」の中でオーソン・ウェルズ演じるハリー・ライ

ムがジョセフ・コットン扮する親友ホリー・マーチンスを誘って、ウィーン・プラーター遊園地の大観覧車に乗る場面がある。観覧車から降りて、別れ際にオーソン・ウェルズがつぶやくのが「イタリア・ボルジア家30年の圧政はミケランジェロ、ダビンチ、ルネサンスを生んだ。スイス500年の平和と民主主義は何を生んだか？ハト時計さ」の有名なせりふだ。これはグレアム・グリーンの台本にはなく、ウェルズ自身が付け加えたものという。ウェルズのひそみにならって、ハト時計の後にさらにこう付け足そう。「敗戦から46年、戦後日本の平和と民主主義は何を生んだか？経済至上、もうけ主義さ」

（毎日新聞1991年11月3日）

㊻ 従来の学校と異なる高校の構想は、一定の自己批判、否定から生まれたと言えるかもしれない。後藤理事長が狙いを語る。「中退者といっても、厳しい校則になじめないで辞めていったような子の中には、優秀な子が多いはず。そうした豊かな個性と能力を持った子供に、失った"心"を取り戻させてあげたいのです」中退者が再び学校に入ろうとするとき「壁」になりがちなのが学年制。これを乗り越えるためには、各科目を修了するごとに一定のポイント（単位）を積み上げていき、卒業に必要なポイントを得る単位制に利点がある。

（毎日新聞1991年11月1日）

「が」分裂文が「は」分裂文と同様に話題導入機能を持ちうるという小論の分析が正しいとして、では、話題導入タイプの「が」分裂文と話題導入タイプの「は」分裂文との違いはどこにあるのであろうか。筆者は、この違いを「Xのは／がYだ」構文において「X」の部分が背景化されているか否かに求めたい。次例を見られたい。

㊼ 時間外労働で違反を命じた者には減給などの処分ができるという泣寝入り防止策を「三六協定」に盛り込んだ企業もあるが、少数派。また、サービス残業の追放に思わぬ効果があったのが／？はフレックスタイム制の導入。もともと通勤ラッシュを避けるため、一定の時間内で出勤時間と退社時間を選択できるようにしたものだが「上司が帰るまで

は帰りにくい」というサラリーマン心情からくる「ダラダラ残業」を
やんわりと拒否する助けになったという。

（毎日新聞 1992 年 2 月 20 日）

　OPに「Xがサービス残業の追放に思わぬ効果があった」というように変項
の存在が想定され、「フレックスタイム制の導入」がそれに値を与え、話題と
して談話に導入されている。ここまでは「は」分裂文による話題導入と同じで
あるが、話題導入タイプの「は」分裂文においては「XのはYだ」の「X」の
部分、すなわちOPが背景化されていたのに対して、話題導入タイプの「が」
分裂文では、OPの部分と後続する文脈との関係から考えて、OPは背景化さ
れていないと思われる。本章で言うところの「背景化」とは、通常の語順のま
までは文全体が主張されてしまうので、文を2つの部分に分裂させて、一方
の情報としての重要度を相対的に低くし、すなわち背景的な情報にして、そ
の結果としてもう一方に焦点があたるようにするといった程度のことである。
「は」分裂文では、降格タイプを除いて、この背景化が認められるが、「が」分
裂文では、転移陰題タイプにせよ、本節で議論している話題導入タイプにせ
よ、OPの部分の背景化は認められないように思われる。㊼の例においてOP、
つまり「サービス残業の追放に思わぬ効果があった」の部分が背景化されてい
ないことは、下線部に後続する部分の中でも特に「上司が帰るまでは〜助けに
なったという」の部分との関係を考えれば明らかであろう。転移陰題タイプの
「が」分裂文ほどはっきりした違いは感じられないかもしれないが、「が」と
「は」の置き換えは難しいのではないかと思われる。次の㊽についても同様の
分析が可能である。

　　㊽　第1日の夜、時計が11時45分の時を打つのを聞くと、シンデレラ
　　　　は急いでお城を抜け出した。2日目、約束の時間がきて、あわててガ
　　　　ラスの靴を片方残したまま飛び出した。このあまりにも有名なシンデ
　　　　レラ物語で連想するのが／？はユーゴスラビア・コソボ和平交渉であ
　　　　る。舞台はパリ郊外のランブイエ城。交渉は約束の20日正午（現地
　　　　時間）を過ぎてもまとまらず、交渉期限を3日間延長して話し合いを
　　　　続けた。その2回目の約束の時間が23日午後3時。古城の舞踏会な

らぬ和平交渉ははかばかしく進まず、「会議は踊る、しかし進まない」
状態がずっと続いた。　　　　　　　　　　（毎日新聞 1999 年 2 月 25 日）

OPの部分に「このあまりにも有名なシンデレラ物語でXを連想する」といっ
た形で変項の存在が想定される。この変項に「ユーゴスラビア・コソボ和平交
渉」が値を与え、話題として談話に導入される。後続文脈の「交渉は約束の
20 日正午（現地時間）を過ぎてもまとまらず」や「古城の舞踏会ならぬ和平
交渉ははかばかしく進まず」といった部分との関係から考えて、OPの部分の
背景化は起こっていないと考えるのが妥当であろう。

3．4章のまとめ

「は」分裂文と「が」分裂文を構文レベルおよび談話レベルで分析した結果、
以下の諸点を明らかにすることができた。

構文のレベルで両構文を比較すると、表現特性の違いから、いわゆる「とり
たて詞」との共起関係に違いが見られる。さらに、「XのはＸがYだ」の「Y」
の位置に現れうる要素に違いが観察されるが、このことは、「は」分裂文が、
降格タイプを除いて、「前提＋焦点」の情報構造を持つのに対して、「が」分裂
文が「Comment ＋ Topic」の情報構造を有することの反映である。

両構文を談話レベルで分析すると、「は」分裂文は、「話題導入タイプ」「同
定タイプ」「降格タイプ」の 3 つに分類される。このうち、「降格タイプ」は他
の 2 つのタイプの分裂文と性格を異にしており、引用形式の一種と考えられ
そうである。「が」分裂文は、「転移陰題タイプ」と「話題導入タイプ」に分類
される。「話題導入タイプ」の「が」分裂文と「は」分裂文の違いは、「Xのは
／がYだ」の「X」の部分が背景化されているか否かである。

■ 注 ■

1) 英語のCleft Sentencesの特に談話における機能については、Declerck (1984)、Prince (1978)等が詳細に議論している。

2) 伊藤（1992）では、どのような要素が焦点化可能かといった問題を中心に、日英語の分裂文を構文レベルで比較した。また、伊藤（1993a）では、日英語の分裂文を談話レベルで比較し、両構文の前提部分が表す情報の違いを明らかにした。

3) 本章で言うところの「は」分裂文と「が」分裂文を談話レベルで考察したものは、管見の限りでは、ほとんど見当たらないが、砂川（1995）はGivónの考えに従って、先行文脈や伝達場面からの引き継ぎの有無と後続談話における持続の有無、およびその長さを手掛かりとして、分裂文の談話における機能を考察し、あわせて分裂文が選択される際の語順の原理を明らかにしている。

第**5**章 ...

誤用分析の観点から見た日本人の英語の形態的・統語的特徴

　外国語として英語を学習する場合、学習開始時期、環境等によって程度の差は認められるものの、学習された英語は、母国語からの影響を受けたものとなる。いわゆる母国語からの干渉である。この外国人英語話者の発する英語への母国語からの影響は、音声、形態、統語、談話等様々なレベルに現れる。当然ながら、日本人学習者の英語も例外ではない。本章の目標は、日本人英語学習者がおかした誤用例のうち、母国語であるところの日本語からの影響によって生じたと考えられるものを分析し、日本人英語の形態的、統語的特徴を描き出すことである。分析の対象としたのは、日本人の英作文に見られる誤りに関する先行研究であげられている実例から特に日本語からの影響によって生じたと考えられる例を抽出したものと、大学生が同時通訳演習の中でおかした誤用例である。まず、次の第1節から第16節において、日本人の英語の形態レベルおよび統語レベルで観察される特徴について述べ、さらに、第17節から第20節にかけて、日本語と英語の違いから生じることが予想されるにもかかわらず、実際には、その実例が観察されないものについて検討する。

1. 冠詞

　日本語には英語の冠詞に相当するものがないので、冠詞に関する誤りが様々な形で生じる。

1.1　冠詞の脱落
　不定冠詞、"a" "an" あるいは定冠詞、"the" を落としてしまう。

① 誤　I want to buy car.

「車を買いたい」

正　I want to buy a car.　　　　　　　　　　（ウェブ（1987：10））

② 誤　There's someone at front door.

「正面玄関にだれかいる」

正　There's someone at the front door.　　　　（ウェブ（1987：11））

③ 誤　Parents marvelled at their daughter's ability to learn her native language in such a short time.

「それほどの短期間で母国語を習得した自分の娘の能力に両親は驚いた」

正　The parents marvelled at their daughter's ability to learn her native language in such a short time.　　　　（ワトキンス（1987：93））

④ 誤　Seen from this high place, village people look as small as ants.

「この高い所から見ると、村人はまるでアリのように小さく見える」

正　Seen from this high place, the village people look as small as ants.

⑤ 誤　I won't get angry if you arrive ten minutes later than appointed time.

「君が約束の時間より10分遅れてついても、私は怒りません」

正　I won't get angry if you arrive ten minutes later than the appointed time.　　　　（ワトキンス（1987：94））

⑥ 誤　She always writes down all things our teacher says.

「彼女は先生の言うことをいつも全部書き取る」

正　She always writes down all the things our teacher says.

She always writes down everything our teacher says.

⑦ 誤　Pleasures one gets from reading and drinking have a certain similarity.

「読書と酒の楽しみには、ある種の類似性がある」

正　The pleasures one gets from reading and drinking have a certain similarity.　　　　（ワトキンス（1987：95））

⑧　誤　People of California have a high standard of living.
　　　　「カリフォルニアの人々の生活水準は高い」

　　正　The people of California have a high standard of living. People in California have high standard of living.

$$（ワトキンス（1987：96））$$

⑨　誤　In everyday world, light bodies fall more slowly than heavy ones.
　　　　「日常の世界では、軽い物体の方が重い物体よりも落下の速度は遅い」

　　正　In the everyday world, light bodies fall more slowly than heavy ones.

⑩　誤　The sons should take up jobs which are best suited to them.
　　　　「その息子たちは自分に最も適した仕事に就かなくてはならない」

　　正　The sons should take up the jobs which are best suited to them.

$$（ワトキンス（1987：99））$$

⑪　誤　By the time he was six-months baby, he had stopped doing that.
　　　　「生後6か月までに彼はそれをしなくなった」

　　正　By the time he was a six-months baby, he had stopped doing that.

$$（ワトキンス（1987：108））$$

⑫　誤　one of famous examples
　　　　「有名な例の一つ」

　　正　one of the famous examples　　　　（ミルワード（1980：23-24））

次例は、これまでの例に比べるとやや複雑であるが、形容詞の後に置かれるべき冠詞が脱落している。

⑬　誤　I've never seen as beautiful scene as this.
　　　　「こんな美しい光景を見たことがない」

　　正　I've never seen as beautiful a scene as this.

⑭　誤　It is necessary to give those who read it as vivid impression as possible.
　　　　「なるべく生き生きした印象を読者に与える必要がある」

正 It is necessary to give those who read it as vivid an impression as possible.

⑮ 誤 They are on the phone so long time that we get annoyed.

「彼らは長電話なのでイライラしてしまう」

正 They are on the phone so long a time that we get annoyed.

⑯ 誤 It was so difficult problem.

「それは非常に難しい問題だった」

正 It was so difficult a problem. / It was such a difficult problem.

⑰ 誤 I actually felt quite difficulty explaining its meaning.

「実際、その意味を説明するのは非常に難しかった」

正 I actually felt quite a difficulty explaining its meaning.

(ワトキンス (1987：109))

1.2 冠詞の取り違え

不定冠詞 "a" "an" を用いるべきところに定冠詞 "the" を用いたり、逆に "the" を使うべきところで "a" "an" を使う。

⑱ 誤 Conversation during a meal is regarded as important as the taste of a meal itself.

「食事の時に話をするということは食事そのものの味と同じ位に大切なことと考えられている」

正 Conversation during a meal is regarded as important as the taste of the meal itself. (ワトキンス (1987：93))

⑲ 誤 He was a kind of employer who never complains.

「彼は絶対に愚痴をこぼさないタイプの経営者だった」

正 He was the kind of employer who never complains.

(ワトキンス (1987：95))

⑳ 誤 You can imagine a smell of that fishmarket.

「あの魚市場のにおいを想像することができるでしょう」

正 You can imagine the smell of that fishmarket.

㉑　誤　No one in the shop knows a selling price of it.

　　　「その店のだれもそれの売値を知りません」

　　正　No one in the shop knows the selling price of it.

（ワトキンス（1987：97））

㉒　誤　I haven't a slightest idea what you mean.

　　　「あなたが何を言いたいのかさっぱりわかりません」

　　正　I haven't the slightest idea what you mean.

（ワトキンス（1987：99））

㉓　誤　A driver failed to see a red traffic signal, so he had the accident.

　　　「赤信号を見落としたので、運転手は事故にあった」

　　正　A driver failed to see a red traffic signal, so he had an accident.

㉔　誤　The time has come for the whole of mankind to act together to prevent the earth being turned into the desert.

　　　「人類全体が力を合わせて地球が砂漠化するのを防がなければならない時がきている」

　　正　The time has come for the whole of mankind to act together to prevent the earth being turned into a desert.

㉕　誤　I missed the train because there was the accident.

　　　「事故があったので汽車に乗れなかった」

　　正　I missed the train because there was an accident.

（ワトキンス（1987：102））

㉖　誤　There is the theory that greenery gives birth to rain, but that barren land does not bring rain.

　　　「緑は雨をもたらすが、やせ地は雨をもたらさないという説がある」

　　正　There is a theory that greenery gives birth to rain, but that barren land does not bring rain.　（ワトキンス（1987：110））

㉗　誤　A word "romantic" is often heard today.

　　　「ロマンティックという言葉を最近よく耳にする」

正　The word "romantic" is often heard today.

（ミルワード（1980：18-19））

㉘　誤　A life of my father's was quite long.
「父の生涯は非常に長かった」

正　The life of my father's was quite long.

（ミルワード（1980：17-18））

㉙　誤　Mary was a wife of Mr. Smith.
「メアリーはスミスさんの妻だった」

正　Mary was the wife of Mr. Smith.　（ミルワード（1980：15-16））

㉚　誤　Mix a sugar with the flour.
「砂糖を小麦粉と混ぜる」

正　Mix the sugar with the flour.　（ピーターセン（1988：36））

1.3　不必要な冠詞の使用

本来必要のないところで冠詞を使ったことから生じた誤り。

㉛　誤　Why do the Japanese mothers force their children to study so hard?
「なぜ日本の母親は子供たちにあんなに勉強させるのだろうか」

正　Why do Japanese mothers force their children to study so hard?

㉜　誤　Most of the modern cars are fuel-efficient.
「現代の車はそのほとんどが燃費が良い」

正　Most modern cars are fuel-efficient.

㉝　誤　The illustrations will give him some information on the world affairs.
「その挿絵から、彼は世界情勢がある程度分かるだろう」

正　The illustrations will give him some information on world affairs.

（ワトキンス（1987：103））

㉞　誤　The economy has made a great progress.
「経済は長足の進歩をとげた」

正　The economy has made great progress.

（ミルワード（1980：20-22））

㉟　誤　Last night, I ate a chicken in the backyard.
　　　　「昨晩、裏庭でチキンを食べた」

　　正　Last night, I ate chicken in the backyard.

（ピーターセン（1988：10-11））

㊱　誤　YEBISU, THE LEGENDARY CHARACTER, BRINGS YOU A
　　　　GOOD LUCK

　　正　YEBISU, THE LEGENDARY CHARACTER, BRINGS YOU
　　　　GOOD LUCK　　　　　　（ピーターセン（1988：17-18））

㊲　誤　We have received a new information.
　　　　「新情報を得た」

　　正　We have received new information.　（ピーターセン（1988：39））

㊳　誤　A new equipment was installed.
　　　　「新しい装置が設置された」

　　正　New equipment was installed.

㊴　誤　Regarding this problem, we received a helpful advice from...
　　　　「この問題に関して…から有益な助言を受けた」

　　正　Regarding this problem, we received helpful advice from...

㊵　誤　It is often noted that Japanese college students seldom ask
　　　　questions in their classes and that this appears to be not simply
　　　　because of the shyness.
　　　　「日本の大学生が授業中めったに質問しないとはよく言われるこ
　　　　とだが、これは単にはにかみのせいばかりでもなさそうだと言わ
　　　　れている」

　　正　It is often noted that Japanese college students seldom ask
　　　　questions in their classes and that this appears to be not simply
　　　　because of shyness.　　　　　　（ピーターセン（1988:48-49））

2. 名詞の複数形

日本語では、「1 人の男／5 人の男たち」といった例を除いて、名詞の単数形と複数形を区別しないので、英語の名詞の単数形と複数形を適切に使うことができない。次例では、一般的な話をする場合に出てくる可算名詞は、ふつう複数形で表現すべきであるが、"cockroach"が裸で使われている。

⑩ 誤　I hate cockroach.

「ゴキブリが嫌いだ」

　　正　I hate cockroaches.　　　　　　　　　（ウェブ（1987：2））

次例も名詞の複数形に関する誤りである。

⑪ 誤　The word 'the struggle for survival' is quite common these days.

「「生存競争」という表現は最近よく使われる」

　　正　The words / phrase / expression 'the struggle for survival' is quite common these days.　　　　　　　　（ワトキンス（1987：84））

3. 三人称単数の "s" の脱落

日本語では、英語のように、現在時制の動詞が主語の人称あるいは数に一致するという現象がないので、以下のような誤りが生じる。

⑫ 誤　If no one stop him, he'll go on arguing all night.

「誰も止める者がいなければ、彼は一晩中でも論争し続けるだろう」

　　正　If no one stops him, he'll go on arguing all night.

⑬ 誤　Can you guess how much money have been stolen?

「盗まれた金額はいくらか推測できますか」

　　正　Can you guess how much money has been stolen?

　　　　　　　　　　　　　　　　　　　　　　　（ワトキンス（1987：9））

⑭ 誤　Every Japanese people have noticed it.

「どの日本人もそれに気づいていた」

正　Every Japanese people has noticed it.　（ミルワード（1980：27））

4. 比較級

英語では、比較級および最上級の表現において、形容詞あるいは副詞の形態が変化するが、日本語では、そのようなことは起こらない。そこで、次のような誤りが生じることになる。

㊻　誤　It was difficult to write than she had expected.

「ものを書くことは彼女が思っていたよりも難しいものだった」

正　It was more difficult to write than she had expected.

（ワトキンス（1987：66））

5. 主語の脱落

英語では、時制を伴った動詞は主語を持たなければならないが、日本語では、文脈から明らかな場合は、主語の省略が可能である。以下の誤文は、このような事情から生じたものと思われる。

㊼　誤　Return the money which lent you.

「貸した金を返せ」

正　Return the money which I lent you.

㊽　誤　I felt that couldn't be there.

「いたたまれない気持ちになった」

正　I felt that I couldn't remain there.　（松井（1979：35））

しかしながら、㊼㊽のように、従属節において主語が脱落するということはあっても、主節において主語が落とされるといった誤りは観察されないようである。

6.「ハ」でマークされた名詞

「昨日は」「今月は」といった表現は副詞としても機能しうるが、「太郎は学生だ」といった文の「太郎」と同様に「ハ」でマークされているために、これらに対応する英語の表現を主語として扱ってしまう。

㊾ 誤 This year will make rapid progress to you.
「今年は、貴女は急速な進歩をするだろう」
正 This year you'll make rapid progress.

㊿ 誤 There was crowded with people.
「そこは、人で混みあっていた」
正 There were crowds of people. (松井 (1979：25))

7. 受動文

日本語の受動表現には、益岡・田窪 (1989：90)によれば、主体が動作を直接受けることを表す(51)のような直接受動表現と、主体が直接に関与していない出来事から間接的な影響を受けることを表す(52)のような間接受動表現がある。

(51) 太郎は朝早く電話で起こされた。

(52) 鈴木さんは昨夜、一晩中子供に泣かれて困った。

一方、英語には、直接受動表現はあっても間接受動表現に相当する受動表現はない。そこで、次のような誤りが生じることになる。

(53) 誤 He was died by his wife.
「彼は、妻に死なれた」
正 His wife died. (松井 (1979：155))

直接受動表現に準じるものとして、益岡・田窪 (1989：91) は、主体の所有するものが動作を受ける(54)のような表現があるとしている。

(54) 太郎は先生に絵をほめられた。

このような表現をそのまま英語に置き換えようとすると次のような誤りが生

じると考えられる。

⑤⑤　誤　He was praised his son.

　　　　「彼は、息子をほめられた」

　　　正　His son was praised before him.　　　　　　（松井（1979：156））

以下の⑤⑥⑤⑦についても同様である。

⑤⑥　誤　I was stolen my bicycle.

　　　　「私は、自転車を盗まれた」

　　　正　I had my bicycle stolen.

⑤⑦　誤　He was cut off his finger as a punishment.

　　　　「彼は、罰として指を切り落とされました」

　　　正　He had his finger cut off as a punishment.　　（ウェブ（1987：24））

日本語の感情表現「驚く」「喜ぶ」などは、英語では "be surprised" "be astonished" "be pleased" といった受動表現で表される。そこで、次のような誤りが生じることになる。

⑤⑧　誤　I surprised.

　　　　「私は、驚いた」

　　　正　I was surprised.　　　　　　　　　　　　（松井（1979：158））

⑤⑨　誤　I was very exciting to meet such a famous person.

　　　　「私はあんな有名な人と会ってとても興奮した」

　　　正　I was very excited to meet such a famous person.

⑥⓪　誤　When I visited him, he was absorbing in his studies.

　　　　「私が彼のところを訪れた時、彼は研究に没頭していた」

　　　正　When I visited him, he was absorbed in his studies.

　　　　　　　　　　　　　　　　　　　　　（ワトキンス（1987：62））

8. 動詞の自・他の混同

“John broke the vase.”と「太郎は花瓶を壊した」あるいは“John went to Osaka.”と「太郎は大阪へ行った」のように、英語と日本語で動詞の自・他が一致している場合には問題はないが、ずれが存在する場合には、以下のような誤りが生じる可能性がある。

(61) 誤 He reached to the city before dark.
「彼は、暗くなる前に町に着いた」
正 He reached the city before dark.

(62) 誤 I resemble to my mother.
「私は、母に似ている」
正 I resemble my mother. （松井（1979：28））

(63) 誤 I met with a friend of mine.
「私は、友達と会った」
正 I met a friend of mine. （ウェブ（1987：29））

(64) 誤 I don't want to marry with him.
「彼と結婚したいと思いません」
正 I don't want to marry him. （ウェブ（1987：30））

ワトキンス（1987：174-175）は、日本語の構造に影響されて不必要な前置詞を用いた例として、以下のようなものをあげている。

discuss about ～「～について論じる」 mention about ～「～について述べる」
ask to 人（質問）「人に尋ねる」 answer to 人（質問）「人に（質問に）答える」
tell to 人「人に告げる」 advise to 人「人に忠告する」
obey to ～「～に従う」 marry to ／ with 人「人と結婚する」
approach to ～「～に近付く」 resemble to ～「～に似ている」
comprise of ～「～から構成されている」 accompany with ～「～に伴う」
strike to 人「人の心に浮かぶ」

また、ヤコブセン（1989）は、日英両語における他動表現の違いについて議論しており、前置詞などを媒介せずに動詞のすぐ後に名詞句が現れるものを英語の基本他動形式、格助詞「を」が用いられるものを日本語の基本他動形式としたうえで、日本語の方が基本他動形式を取るのに対して、英語の方では基本他動形式を取らない例(65)と、逆に、英語の方が基本他動形式を取るのに対して、日本語の方では基本他動形式を取らない例(66)をあげている。

(65)	友達を待つ	wait for a friend
	アパートを探す	look for an apartment
	音楽を聞く	listen to music
	絵を見る	look at a picture
(66)	山が見える	see a mountain
	音楽が聞こえる	hear music
	変な匂いがする	smell something funny
	医者に相談する	consult a doctor
	友達に会う	meet a friend
	花子と結婚する	marry Hanako
	ホテルが海に面する	The hotel faces the sea.
	絵が額縁に合う	The picture fits the frame.

このような日英語の他動表現の違いからも、先の(61)～(64)に類した誤りが生じることが予想される。以下に類例をいくつか追加しておく。

(67)　誤　This will suit to his taste.
　　　「これは彼の好みに合うだろう」
　　正　This will suit his taste.　（ミルワード（1980）：60-61））

(68)　誤　He attended at the international conference.
　　　「彼は国際会議に出席した」
　　正　He attended the international conference.
　　　（ミルワード（1980：62））

(69)　誤　He approached to the station.

「彼は駅へ向かった」

正　He approached the station.　　（ミルワード（1980：64-65））

9. コピュラ文

日本語の「AはBだ」という表現においては、文脈情報が与えられれば、「ぼくはウナギだ」といった、いわゆるウナギ文に見られるように、「A」「B」の位置には様々な要素が現れうる。しかしながら、英語のコピュラ文においては事情が異なるため、次のような誤りが生じることになる。

(70)　誤　Tomorrow is school.

「明日は学校だ」

正　Tomorrow we'll have school.

(71)　誤　The German is controversial character.

「ドイツ人は議論好きな性格である」

正　The German has a controversial character.

(72)　誤　She was good spirits.

「彼女は元気だった」

正　She was in good spirits.　　（松井（1979：39））

10. 「AのB」

日本語の「AのB」という表現における「A」と「B」の関係は、極めて多様なものであるが、これを英語で表現する際に、"B of A"あるいは"A's B"で間に合わせようとすると、以下のような誤った英語表現となる。

(73)　誤　Haruko of my sister

「姉の春子」

正　Haruko, my sister

(74)　誤　There were some women's teachers.

「数人の女の先生がいた」

正　There were some women teachers.

⑦⑤　誤　It was my healthy time.

「私の健康な時」

正　It was the time when I was healthy.　　　　（松井（1979：26））

⑦⑤については、「私の健康な時」が「私が健康な時」に置き換えられる、つまり、いわゆる「ガノ可変」が可能であることが理解されていないという日本語内の問題もかかわっていると思われる。

11.「〜する」＝ "do 〜"

日本語の「〜する」という表現を無制限に "do 〜" という形で英語に置き換えようとした結果、次のような不自然な表現が出来上がる。

⑦⑥　誤　I should like to do traveling with you.

「あなたと旅行したい」

正　I should like to travel with you.

⑦⑦　誤　I also want to do happy wedding.

「幸せな結婚をしたい」

正　I also want to get happily married.　　　　（松井（1979：42））

12. 名詞修飾節

12.1「内の関係」と「外の関係」

日本語の名詞修飾節は、構造的な観点から大きく2つに分けることができる。⑦⑧のように、被修飾名詞と修飾節中の述語が1つの文の構成要素であるような関係にあるものと、⑦⑨のように、被修飾名詞と修飾節中の述語がそのような関係にないものである。

⑦⑧　太郎が殺した女

⑦⑨　太郎が女を殺した事実

⑦⑧では、被修飾名詞「女」と述語「殺した」の間に「女を殺した」といった

関係が認められるが、⑲では、「事実」と「殺した」の間にそのような関係は認められない。⑱は、寺村（1975 ～ 78）の「内の関係」の連体修飾節、あるいは、益岡・田窪（1989）の「補足語修飾節」にあたり、⑲は、寺村（1975 ～ 78）の「外の関係」の連体修飾節、あるいは、益岡・田窪（1989）の「内容節」にあたる。日本語の「内の関係」の連体修飾節に対応するのは、⑳のような関係節であるが、日本語の「外の関係」の連体修飾節は、英語において、㉑に見られるように、関係節で表すことはできない。

⑳　the woman whom John killed

㉑　the fact that John killed the woman

このような日本語の名詞修飾構造の違いに関係なく英語の関係節を使用することから生じたと思われるのが以下のような誤りである。

㉒　誤　As it was the work which sit on the Japanese mat,

　　　　「畳の上に座る仕事だったので」

　　正　As we all worked sitting on the floor,

㉓　誤　There was no hope which he would get more.

　　　　「彼がもっと得られるという望みはなかった」

　　正　There was no hope that he would get more.　　（松井（1979：48））

次の㉔は、寺村（1975 ～ 78）で「相対性の名詞」とされているものをそのまま英語の関係節構造に置き換えたために生じた誤りである。㉔の日本語の例に見られるように、連体修飾節が「因」で被修飾名詞が「果」という関係になっている。類例としては、「唇をあてた汚れ」「たばこを買ったおつり」等がある。

㉔　誤　the money which I worked

　　　　「私が働いたお金」

　　正　the money which I got by (from) working　　（松井（1979：34））

次例は、㉒～㉔の誤りとはやや異なるが、やはり、修飾節内の述語と被修飾名詞との関係が適切にとらえられていないことから生じた誤りである。第5節で見た主語が脱落した例であるとも考えられる。

㉕　誤　I will study the subject which need to get a position.

　　　　「仕事を得るのに必要な科目を勉強する」

正　　I will study those subject which I need to get a position.

（松井（1979：52））

㊗　誤　The house which moved into was in Nishiyama in Nagoya.

　　「引っ越した家は名古屋の西山にあった」

正　　The house which we moved into was in Nishiyama in Nagoya.

（松井（197；9：53））

　ここまでは、構造的な観点から、名詞修飾構造に見られる誤りを検討してきたわけであるが、Matsumoto (1990)、松本（1993）等によると、英語の関係節では統語論的情報が語用論的な理解に先立つのに対して、日本語では意味的統一性や語用論的理解との合致性が解釈を導く要因であるということである。例えば、

　㊦　[[高校入試に絶対受かる]家庭教師]を探しています。

　本例については、その家庭教師の助けを借りたら高校入試に受かることが確かな家庭教師を探している、という読みが一番自然であり、統語的観点から、被修飾名詞「家庭教師」が修飾節内の述語「受かる」の主語であるという解釈だと、高校入試に家庭教師自身が受かるような家庭教師を探している、という非常に不自然なものになる。日本語話者が㊦のような文を問題なく解釈できるのは、統語的な制約や手がかりよりも、家庭教師とはどのような役割を果たすために雇われる人間なのかという社会的背景に関する知識が手がかりになっているからだということである。以下の例も日本語の関係節の解釈が意味論的あるいは語用論的な情報に基づいていることを示している。

　㊥　このごろ[[トイレに行けない]コマーシャル]が多くて困る。

　㊤　[[頭の良くなる]本]でも買っていらっしゃい。

　このような日本語の関係節の特徴も英語の誤りが生じる原因になるものと思われる。例えば、㊦～㊤のような日本語の表現を関係節を使って英語に置き換えようとして、以下のような誤りが生じることが予想される。

　㉙　I am looking for a tutor who will pass the entrance examination.

　㉛　There are a lot of commercial messages which (I) can't go to the bathroom.

(92) Why don't you buy a medicine which (you) become smart.

12.2 制限的用法と非制限的用法

英語においては、関係節の制限的用法と非制限的用法は形式のうえで区別されるが、日本語の限定的修飾節と非限定的修飾節は、形式上区別されない。また、英語では代名詞は関係節の先行詞になれないが、日本語では「去年アメリカへ行った彼」といった表現が可能である。このような日英語の違いから、以下のような誤りが生じたものと思われる。

(93) 誤 It was Mr. Abe who hadn't sent me any letters since he left junior high school.
「それは中学校を卒業して以来消息のなかった阿部君だった」
正 It was Mr. Abe, who hadn't sent me any letters since he left junior high school. （ワトキンス（1987：137））

(94) 誤 Mother is looking after me who am ill in bed.
「病気で寝ている私の世話を母がしてくれている」
正 Mother is looking after me; I am ill in bed. / Mother is looking after me, because I am ill in bed. / Mother is looking after me, while I am ill in bed.

(95) 誤 They look away from her who is now a withered old woman with no trace of her former beauty.
「昔の美しかった頃の面影をとどめていない老いさらばえた彼女から彼らは目をそむける」
正 They look away from her; she is now a withered old woman with no trace of her former beauty. / They look away from her, because she is now a withered old woman with no trace of her former beauty. （ワトキンス（1987：138））

13. 述語のタ形

日本語では、過去に起こった事態もこれから起こる事態も述語のタ形で表すことができる。

(96)　昨日太郎に会った。

(97)　明日太郎に会ったら、この本を渡してください。

このため、英語において、これから起こる事態を表すのに動詞の過去形を用いた次のような誤りが生じる。

(98)　誤　When I became an adult, I will surely remember this.
　　　　「大人になったら」
　　　正　When I become an adult, I will surely remember this.

(99)　誤　After we went out, Mother is busy cleaning and washing.
　　　　「私達が出掛けた後」
　　　正　After we go out, Mother is busy cleaning and washing.

（松井（1979：43））

14. 現在完了

よく指摘されるように、日本語には英語の現在完了に相当する表現形式がないので、誤りが生じやすい。

(100)　誤　Japan became rich since the war.
　　　　「日本は戦争以来豊かな国になった」
　　　正　Japan has become rich since the war.　（ウェブ（1987：23））

(101)　誤　Recently this problem began to trouble us.
　　　　「最近この問題がわれわれを悩まし始めた」
　　　正　Recently this problem has begun to trouble us.

（ミルワード（1980：73-74））

(102)　誤　Now at last we noticed our mistake.

「いまようやく自分たちの間違いに気づいた」

正　Now at last we have noticed our mistake.

（ミルワード（1980：75-76））

15. 存在文

　英語においては、名詞の定／不定によって表現形式が分化しているが、日本語では、名詞の定／不定は「ハ」「ガ」によって区別されるものの、英語のような表現形式の分化は存在しない。よって、以下に見られるような誤りが生じることになる。

⑩　誤　There is Mount Fuji in Shizuoka Prefecture.

　　　「富士山は静岡県にあります」

　　正　Mount Fuji is in Shizuoka Prefecture.

⑩　誤　There is the government in Tokyo.

　　　「政府は東京にあります」

　　正　The government is in Tokyo.

⑩　誤　There is my favorite girl in this class,

　　　「私の好きな女の子はこのクラスにいます」

　　正　My favorite girl is in this class.　　　（ウェブ（1987：129））

16. 複数の誤りを含む誤用例

　これまで見てきた誤用例は、一文中に１つの誤りが認められるものであったが、日本人学習者による誤用例には一文中に複数の誤りが生じているものも多い。以下では、そのような誤用例を分析していく。以下の例には様々な誤りが観察されるが、本章の主旨にしたがって日本語からの影響によると考えられるものに注目していくことにする。

⑩　誤　Since Perry came to Japan in black ship, many young man went overseas.

　正　Since Perry came to Japan in a black ship, many young men have
　　　gone overseas.

不定冠詞、名詞の複数形が正しく使われておらず、さらに現在完了が使われるべきところに過去時制が使われている。

⑩⑦　誤　Why did he dared to escape from the Japan?

　　正　Why did he dare to escape from Japan?

不定形の動詞が正しく使われておらず、不必要な定冠詞の使用も見られる。

⑩⑧　誤　At that time there, many university was established, and Doshisha
　　　University was the oldest.

　　正　At that time there, many universities were established, and
　　　Doshisha University was the oldest.

名詞の複数形が正しく使われておらず、それにともなって動詞の形態が不適切なものとなっている。

⑩⑨　誤　Hirofumi bring back from Europe is politic, but Joe is education.

　　正　Hirofumi brought politics from Europe, and Joe education. / What
　　　Hirofumi brought from Europe was politics, and what Joe brought
　　　from Europe was education.

元の文の前半部分を見ると、「博文がヨーロッパから持って帰ったのは政治だった」といったいわゆる疑似分裂文を英語で表そうとしたように考えられるし、後半部分を見ると、「博文は政治を裏は教育を持って帰った」といったいわゆる空所化を含む文を英語にしようとしたようにも思われる。

⑩⑩　誤　After Perry's black ship, many young man go to foreign country.

　　正　After Perry's black ship arrived, many young men went to foreign
　　　countries.

複数形の名詞が正しく使われていない。

⑪⑪　誤　books he used and a bible and notebook he studied

　　正　books he used and the Bible and the notebooks he studied with

「彼が勉強したノート」を英語で表そうとしたものと思われるが、冠詞および関係節が正しく使われていない。

⑫ 誤　He stand private school in Kyoto.

正　He established a private school in Kyoto.

動詞の自他が正しくとらえられておらず、冠詞が脱落している。

⑬ 誤　There was a portrait that was Joh Niijima's.

正　There was a portrait of Joh Niijima.

「新島襄の肖像画」を英語で表そうとしたものであろうが、属格名詞句、関係節の使用とも不適切である。

⑭ 誤　Hirofumi Ito and Kaoru Inoue brought out in Japan is way of politics.

正　Hirofumi Ito and Kaoru Inoue brought politics to Japan. What Hirofumi Ito and Kaoru Inoue brought to Japan was politics.

「伊藤博文と井上馨が日本にもたらしたのは政治だった」といった文を疑似分裂文を使って英訳しようとしたものと思われるが、文法を無視して日本語をそのまま英語に置き換えたような不自然な表現になっている。

⑮ 誤　But Joe brought out in Japan is way of teaching.

正　But Joe brought education to Japan. / But what Joe brought to Japan was education.

上の⑭と同様に「襄が日本にもたらしたのは教育だった」といった文を疑似分裂文で表現しようとしたものであろうが、やはり不自然な英語になっている。

⑯ 誤　He can do nothing. And return to Japan.

正　He can do nothing. And he returns to Japan.

　　He can do nothing and returns to Japan.

主文において主語が脱落している珍しい誤用例である。加えて、三人称単数現在の"s"が脱落している。

　ここまで、実際に生じた誤りの例のうち、日本語と英語の違いから生じたと考えられるものを検討することで、日本人の英語の特徴を浮かび上がらせようとしてきたが、最後に、日本語と英語の違いから生じることが予想されるにもかかわらず、実際には、そのような誤りの例が観察されないものをいくつかあげておく。

17.　数量詞の遊離

日本語では、英語と比べて、かなり自由に数量詞を動かすことができる。

⑰　a.　3 人の学生が教室に入って来た。

　　b.　学生が 3 人教室に入って来た。

⑱　a.　太郎は 3 杯の親子丼をたいらげた。

　　b.　太郎は親子丼を 3 杯たいらげた。

　英語では、数量詞の遊離は"all" "each"といった数量詞に限られており、すくなくとも、⑰、⑱に相当するような数量詞の遊離は許されない。

⑲　a.　Three students came into the room.

　　b.　＊Students three came into the room.

⑳　a.　John ate three apples.

　　b.　＊John ate apples three.

　⑰ b、⑱ bが可能であることから⑲ b、⑳ bのような誤りが生じてもよさそうであるが、実際には、そのような誤用例は観察されないようである。

18.　移動制約

　生成文法理論において明らかにされたことであるが、英語では複合名詞句の中から要素を取り出すことができず、㉑のような文から㉒のようなWh疑問文を作ることはできない。

㉑　I don't believe the fact that John stole the watch.

㉒　＊What don't you believe the fact that John stole?

　同様の制約は、日本語にはないので、㉒に相当すると思われる㉔は文法的な文である。

㉓　私は太郎が時計を盗んだという事実を信じない。

㉔　あなたは太郎が何を盗んだという事実を信じないのですか。

　㉒のような例は、日本人の誤用例の中には観察されないようである。

19. 隣接性

英語では、他動詞とその目的語は隣接していなければならず、副詞等の要素の介在は許されない。

⑫㊄ John sang the song enthusiastically.

⑫㊅ ＊John sang enthusiastically the song.

日本語は、そのような制約とは無縁である。

⑫㊆ 太郎は熱狂的にその歌を唄った。

⑫㊇ 太郎はその歌を熱狂的に唄った。

⑫㊅のような誤りも日本人の誤用例の中にはほとんど見受けられないようであるが、次のような例があるにはある。

⑫㊈ 誤 It disturbed evidently the flow of cars.

「明らかにそれが車の流れを乱した」

正 It evidently disturbed the flow of cars.

Evidently it disturbed the flow of cars.

It disturbed the flow of cars, evidently.

（ミルワード（1980：113-114））

⑫㊈は、他動詞とその目的語の間に副詞を介在させるという誤りであったが、次の⑬㊉は、前置詞とその目的語の間に副詞を介在させることによって生じた誤りである。

⑬㊉ 誤 It cannot be done by only thinking.

「それは考えているだけではできない」

正 It cannot only be done by thinking.

It cannot be done only by thinking.

It cannot be done by thinking only. （ミルワード（1980：115））

20. 主語と助動詞的要素の倒置

　周知のように、英語では疑問文を作る際に主語と助動詞的要素を倒置しなければならないが、日本語においては、そのような操作は必要ではなく文末に疑問のマーカー「か」を付加すればよい。次例は、このような日本語と英語の違いから生じた誤りであると考えられるが、実際には極めて稀である。

　⑬１　誤　We should stop scientinc progress?

　　　　　「われわれは科学の進歩を止めるべきだろうか」

　　　　正　Should we stop scientinc progress?

（ミルワード（1980：116-117））

　ただし、Wh疑問文の場合には、以下のような誤りが観察される。

　⑬２　誤　Why he decided to go abroad?

　　　　正　Why did he decide to go abroad?

　⑬３　誤　Why he went abroad illegally?

　　　　正　Why did he go abroad illegally?

　⑬４　誤　Why the stick was break?

　　　　正　Why was the stick broken?

　⑬５　誤　Why he escaped from Japan?

　　　　正　Why did he escape from Japan?

　⑬６　誤　Why his stick was broken?

　　　　正　Why was his stick broken?

21. 5章のまとめ

　本章では、日本人英語学習者の英作文に見られる誤りに関する先行研究であげられている実例と、英語を学習している大学生が同時通訳演習でおかした誤りのうち、彼らの母国語であるところの日本語からの影響によって生じたと考えられるものを抽出し、これを分析することで、日本人の英語の形態的および

統語的特徴を素描することを試みた。さらに、日本語と英語の違いから生起することが予想されるにもかかわらず、実際には、そのような誤用例が観察されないものをいくつか取り上げたが、これについては、言語の対照分析は学習者がおかす誤りを予測することができないという従来から言われてきた批判の妥当性を裏づけるものとなった。

第**6**章

...

前置詞句と後置詞句をめぐって

　語は、様々な観点から分類されうるが、その一つに、語を内容語と機能語に分ける考え方がある。内容語とはそれ自体が意味を持つ要素であり、名詞、動詞、形容詞、副詞といった言語形式がこれに含まれる。一方、機能語は、それ自体は意味を持たず、要素と要素を関係づける働きをする言語形式であり、接続詞や前置詞がこれにあたる。"They played baseball at the park." といった文において副詞的に働いたり、"the shop at the corner" といった表現において形容詞的に働いたりするのは英語の前置詞句の典型的な機能である。英語の前置詞句は一般的には名詞とは無縁のように考えられているが、副詞的あるいは形容詞的に働く以外に名詞として機能することがある。前置詞句のそういった側面を明らかにするために、本章では、次の第1節において、英語の前置詞句が主語として、また動詞の目的語として、さらに前置詞の目的語として機能しうることから名詞性を持つことを観察する。さらに、英語の前置詞句に対応する日本語の後置詞句、すなわち「名詞＋格助詞」も名詞性を有することを観察する。その際、同要素が主題になりうるか、さらに「AのB」といった枠組に収まるかどうかを検討する。第2節では、英語の前置詞と日本語の後置詞、特に複合格助詞の動詞的な性格について議論する。第3節においては、まとめを行うとともに今後さらに検討すべき課題について述べる。

1. 前置詞句と後置詞句の名詞性について

　本節では、英語の前置詞句と日本語の後置詞句の振る舞いを検討し、それぞれに名詞性が認められることを明らかにする。

1.1 主語になれる前置詞句

Quirk et al. (1985)、有村（1987）、Jaworska (1986)らによれば英語の前置詞句は文の主語となりうる。①〜③はQuirk et al. (1985)で、④⑤はMiller (1985)であげられている例である。

① During the vacation is what we decided.

② To see her is to love her.

③ Between six and seven will be fine.

④ Over 10 students were crammed into the phonebooth.

⑤ ..., and around August is when we start our actual dirty work.

②に見られるような不定詞を前置詞句として扱っていることに不自然さを感じられるかもしれないが、この点については1.4で述べる。

次例は、一見前置詞句が主語になっているように見えるかもしれないが、これは、文体上の理由で前置詞句が文頭に出され、主語と動詞が倒置されたものである。

⑥ Still in the works are the Leclerc tank (30 million franc apiece); the Rafale jet fighter (which has consumed 30 billion francs and is still six years from production and ... (*Newsweek*, August 6th, 1990)

次の⑦についても同様である。

⑦ In the opposite corner is Defense Minister Jean-Piere Chevenement who wants to boost the military procurement budget to buy new weapons. (*Newsweek*, August 6th, 1990)

有村（1987）は、主語として働いている前置詞句と倒置の結果、文頭の位置を占めるようになった前置詞句との区別が明確にできる例として⑧〜⑪をあげている。

⑧ Is under the bed a warm place?

⑨ Has near Boston appealed to you?

⑩ Under the bed seems to be a warm place.

⑪ Near Boston seems to have appealed to her.

⑧、⑨では主語、助動詞の倒置が生じており、⑩、⑪では主語から主語への

繰り上げ規則が適用されている。同氏はさらに次のような例をあげている。

⑫　Under the bed and under the table are (* is) good for sleeping.

⑬　Under the bed is a warmer place than it used to be.

またRoss (1973)は⑭のような例をあげている。

⑭　Under the bathtub is where we slept, isn't it ?

⑫では等位接続詞で連結された前置詞句が複数として扱われており、⑬、⑭では前置詞句が代名詞で受けられている。このような例が存在することは前置詞句が名詞性を保持しうることをさらに支持しているものと思われる。

前置詞句は、be動詞以外の動詞を含む次のような文の主語にもなれる。

⑮　In March suits me.

⑯　About 6 percent of the auto giant's revenues come from the Pentagon.

(*Newsweek*, August 6th, 1990)

以上の観察から、英語の前置詞句には、文の主語として機能する側面があることが明らかになったと思われる。

1.2　動詞の目的語になる前置詞句

あまり多くの例を見いだすことはできないが、前置詞句が動詞の目的語として機能することがある。Jaworska (1986)は次のような例をあげている。

⑰　The campaigners planned until Christmas in detail.

⑱　The new tenants are reclaiming behind the garage.

⑰、⑱の下線部が目的語であることは、それぞれに対応する受動態の文において⑲、⑳に見られるように主語になっていることから明らかである。

⑲　Until Christmas was planned in detail.

⑳　Behind the garage is being reclaimed by the new tenants.

動詞の目的語になっていると考えられる前置詞句をもう少し見ていこう。

㉑　While the percentage is still small, each unit sale for the high-end makers brings in around $30,000.　(*Newsweek*, August 6th, 1990)

下線部は、bringsの目的語になっていて"brings around $30,000 in"とすることも可能ではないか。同様に

㉒ What is the population of your tribe, and how do you handle marriage situation? We have <u>around 368</u>. (NHK テレビ英語会話 1990 年 12 月)

㉓ Commerce between the two countries is already booming, and Seoul is reportedly considering <u>between \$2 billion and \$5 billion</u> in assistance to encourage further growth. (*Newsweek*, June 11th, 1990)

本例の consider は自動詞ではなく他動詞で、下線部がその目的語になっていると考えられる。類例を続ける。

㉔ According to estimates by Exxon corp., refiners and oil dealers currently hold <u>between 150 million and 200 million barrels of excess inventory</u>-equal to 100 to 133 days of Kuwaiti Petroleum.

(*Newsweek*, August 13th, 1990)

㉕ They can't fit <u>between the arm-rests</u>, so they have to stand, even when some seats are empty. (*Mainichi Weekly*, Oct.20th, 1990)

本例の動詞 fit は意味的に自動詞とは考えにくい。下線部は他動詞 fit の目的語になっているのである。

㉖ Fragments over more than a centimeter in diameter alone number <u>about 24,500</u>. (*Newsweek*, June 9th 1990)

本例のような about は、副詞と見ることもできるであろうが、下線部が前置詞句で他動詞 number の目的語として機能しているとは考えられないだろうか。ちなみに『ジーニアス英和辞典』は、このような about を前置詞として分類しているが「副詞とも考えられる」としている。次例についても同様に考えたい。

㉗ Last week South African authorities said they had arrested <u>about 40 ANC cadres and Communist Party members</u>.

(*Newsweek*, August 6th, 1990)

㉘ The project is projected to cost <u>about \$36 billion</u> when completed.

(*Newsweek*, August 6th, 1990)

㉙ Other new nonstops from Pan Am include <u>New York to Helsinki and Berlin</u>, and Miami to Santiago. (*Newsweek*, June 4th, 1990)

　本例は、意味的には include from New York to Helsinki のようであるべきものがこのままの形では実現されなかったのではないか。次の㉚のような例が存在することから、その可能性が感じられる。

㉚　They say, for example, that a country club employs <u>from 700 to 1,000 people</u>- more than agricultural land of the same acreage.

(*Newsweek*, Oct. 15th.1990)

動詞の目的語となっている前置詞句の例をさらに見ていこう。

㉛　Accountability will come only after Mizuho Financial Group is able to grasp the full extent of the system malfunction to prevent a recurrence - a process that is likely to take <u>until the end of the month</u>.

(週刊 ST, April 19th, 2002)

㉜　..., and then most were living over here so that's when the tribe wanted to be recognized, and it took us <u>until 1962</u> to become recognized.

(NHK テレビ英語会話 1990 年 12 月)

㉝　The military estimated that in the first two or three days of an airstrike, it would lose <u>under 7 percent of its planes</u> to Iraqi defenses.

(*Newsweek*, December, 10th, 1990)

　これまでの観察から明らかなように前置詞句は典型的な動詞の目的語の位置には現れにくい。しかし英語には非典型的とでも言うべき目的語の位置を包摂する構造が存在する。

　今井他（1989）によれば、英語には㉞のような例外的格付与節と呼ばれる構造が存在するということである。

㉞　John considers Bill to be famous.

同節の目的語は、通常の（完全他動詞の）目的語と共通する側面をもっている。

㉟　Kim believes him to be honest.

代名詞の場合は、目的格が現れる。

㊱　Kim believes herself to be important.

主節の主語と同一指示であれば再起代名詞が現れる。

㊲ John was believed to be intelligent.

名詞句移動が可能である。

しかしながら、同時に同節の目的語は（補）文の主語と共通する側面も持っている。

㊳ John believes it to be unlikely that Mary is guilty.

虚辞のitが現れうる。

㊴ John considers there to be good reason to believe it.

虚辞のthereが現れうる。

㊵ a ＊ Who does John consider a picture of to be best ?

b Who did you see a picture of ?

c ＊ Who did a picture of surprise you ?

㊵ b、cより㊵ aが非文であるのは「主語の一部を取り出したり、その位置に挿入することはできない」という「主語条件の制約」に抵触しているからであると考えられる。

㊶ They believed him certainly to have left early.

文副詞が現れうる。

㊷ John will consider the cat to be out of the bag.

熟語文（The cat is out of the bag.（秘密がばれた））が熟語の読みを残したまま同節に生じている。

㊸ a John believes the nurse to have moved the patient.

b John believes the patient to have been moved ___ .

㊹ a Mary considers it to be unlikely that John will win.

b Mary considers John to be unlikely___ to win.

㊸、㊹では同節内部で名詞句移動が行われている。

以上見てきたように、例外的格付与節の目的語の位置は通常の目的語の位置のようでもあり文の主語の位置のようでもある。興味深いことに前置詞句は、この位置に現れうる。

㊺ Kim believes under the bed to be a good hiding place.

さらに例外的格付与節と類似した構造に小節といわれるものがある。

㊻　John considers Bill famous.

小節は、先に見た例外的格付与節とよく似た特徴をもっている。

㊼　Mary believes him a genius.

㊽　Mary believes herself a genius.

㊾　John was considered ＿＿ stupid.

㊼〜㊾は、小節の目的語の位置に生じる名詞句が通常の目的語のように振る舞うことを示している。

㊿　John considers it likely that Mary will win the prize.

(51)＊Who do you consider a picture of ＿＿ excellent ?

(52)　I deemed John probably afraid of snakes.

(53)　The reporter will consider the cat out of the bag.

(54)　I want it finished at once.

(55)　John considers Mary likely ＿＿ to win the prize.

(50)〜(55)は、小節の目的語の位置が文の主語の位置のようであることを示している。そして前置詞句は、このような特徴をもつ小節の目的語の位置にも現れうる。

(56) Kim considers under the bed a good hiding place.

以上、本節では、英語の前置詞句が他動詞の目的語として振る舞い得ることを見た。

1.3　前置詞の目的語になる前置詞句

Jaworska (1986)、Jackendoff (1973)等が指摘しているように前置詞句が前置詞の目的語の位置に現れる場合がある。

(57)　Home brews come in a staggering (metaphorically speaking; at around 5 percent alcohol, they are no more potent than any other beer) variety of styles.　　　　　　　　　　　(*Newsweek*, June 18th, 1990)

下線部のように前置詞が連続して現れる場合、一方が副詞化していると考えるのではなく、前置詞句が先行する前置詞の目的語になっている。つまり名詞化していると考える。ただし、前置詞が連続して現れていても動詞との結び付

きの方が強い場合は、前置詞の一方が副詞化していると考えて(57)のような例と区別する。次の(58)においてはinが副詞化しており、(59)では、fromが副詞化しているのではなくbehind the treeがfromの目的語になっている。

(58) He came in through the window.

(59) A man appeared from behind the tree.

(58)(59)のような文において前置詞が斜格を付与するべき名詞句を持たずに現れているというのは不自然である。この問題の解決案としては、先に述べたことを繰り返すことになるが、次の（a)、(b）を設定することができると思われる。Pは前置詞を表す。

(a）P1-P2-NPにおいてP1が副詞化している。

(b）P1-P2-NPにおいてP2-NPが名詞化してP1の目的語になっている。

前置詞句が名詞句になりうることは1.1～1.2で観察した。(a）の可能性を検討してみよう。副詞の一般的な特徴として、その現れる位置が比較的自由であるということがあげられる。(59)について見てみよう。

(59)' * From a man appeared behind the tree.

(59)" * A man appeared behind the tree from.

(59)'(59)"がともに非文法的であることから(59)のfromは副詞化していないと判断できる。(58)についてはどうであろうか。

(58)' In he came through the window.

(58)" ? He came through the window in.

(58)"は、その文法性に問題がないわけではないが、(59)'(59)"よりは容認度が高いと思われる。また次の(60)、(61)にも文法性の違いが感じられる。

(60) He came in slowly through the window.

(61) ? A man appeared from slowly behind the tree.

さらに、出現や存在を表す自動詞を含む文では前置詞句や方向を表す副詞などを左方移動して倒置文を作ることができる。

(62) An old man stood in the doorway.

(62)' In the doorway stood an old man.

(63) The rabbit jumped up.

⑥3' Up jumped the rabbit.

⑤9についてはどうであろうか。

⑥4（＊）From appeared a man behind the tree.

⑥5　From behind the tree appeared a man.

⑥4が非文で⑥5が可能な文であれば、このfromは副詞ではなく、from behind the tree は前置詞句であるということになる。

一方⑤8は、このままでは倒置文にできないが⑥6のような倒置文は可能である。

⑥6　In came a policeman through the window.

したがってこのinは副詞である。

本節のこれまでの議論では、P1-P2-NPの環境においてP1が前置詞として機能している場合と副詞化している場合との区別を試みてきたのであるが、同時に不変化詞との区別も考慮しておいた方がよいかもしれない。嶋田（1985）では、不変化詞と前置詞の区別、不変化詞と副詞の区別等について述べているが、以下の部分では本節との関連で重要であると思われる箇所を取り上げることにする。

嶋田（1985）は前置詞と不変化詞との関係について次のような分類を行っている。

不変化詞としてのみ用いられる語 ― away, back, forth, out

前置詞としてのみ用いられる語 ― at, for, from, of, to, with, away from,
　　　　into, off of, onto, out of, up to

前置詞と不変化詞のどちらにも用いられる語 ― about, across, along,
　　　　around, by, down, in, off, on, over, past, round, through, under, up

そして前置詞のうち位置の変化を表しうるものは、その目的語をとらずに不変化詞としても用いられ、それ以外の意味、例えば、位置、目的地、出発点などしか表さないat, for, fromなどは不変化詞にはなれないとしている。さらに同氏は、⑥7、⑥8のような例をあげてtoで始まる前置詞句は比喩的用法の不変化詞を引き寄せることもあれば、そうでないこともあり、これは同一の句動詞の不変化詞が意味上動詞と結合すると見なされる場合と、空間移動を表すもの

と同類と見なされる場合とがあるからであろうと分析している。

⑥⑦ She signed over her mansion to the church for use as a school.

⑥⑧ He signed his house over to his wife.

また、⑥⑨に見られるように不変化詞は動詞に方向の意味を添えて全体として一つの動作を表す時には動詞に隣接するが、位置を表す前置詞句が加わって不変化詞の示す方向をさらに詳しく表現する場合には、不変化詞は意味的に前置詞句と密接な関係を持つので、動詞から離れて前置詞句の直前に位置するとしている。

⑥⑨ When you come this afternoon, don't forget to bring your books along with you.

⑥⑧、⑥⑨のような例は、先に見た前置詞句が他の前置詞の目的語となっている構造とは区別されなければならない。

ところでJackendoff (1973)は、自動詞的前置詞なるものの存在を認めて以下のような分析を行っている。

⑦⓪ a. Chico raced away from Mrs. Claypool.

　　 b. Otis T. Flywheel raced away in a battered Ford.

⑦⓪a、bに対して⑦①a、bのような構造がそれぞれ対応する。

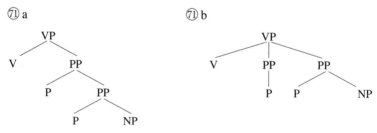

⑦⓪aのaway from Mrs. Claypoolはconstituentであるが⑦⓪bのaway in a battered Fordはそうではない。そしてPP-Preposingはsingle complete PPに適用されるとすると、以下の例に見られる文法性の違いが説明できるとしている。

⑦② a. Away from Mrs. Claypool raced Chico.

　　 b. ＊Away in a battered Ford raced Otis T. Flywheel.

⑦⑬ a.　? ＊ Away raced Chico from Mrs. Claypool.

　　 b.　Away raced Otis T. Flywheel in a battered Ford.

さらに同氏は⑦ a、b のような構造を認める根拠として⑦④ a、b をあげている。

⑦④ a.　? ＊ Chico raced away quickly from Mrs. Claypool.

　　 b.　Otis T. Flywheel raced away quickly in a battered Ford.

嶋田（1985）に従って away from 全体が前置詞であるとすれば⑦②～⑦④の文法性の違いが説明できる¹⁾。

前置詞句が前置詞の目的語になっている例を以下にいくつかあげておく。先に見た主語位置に現れる前置詞句や他動詞の目的語位置に現れる前置詞句とは異なり、前置詞の目的語の位置に現れる前置詞句の例は、比較的容易に見つけることができる。

⑦⑤ But few in Washington thought the laconic New Hampshireman was in
　　 for an easy time.　　　　　　　　　（*Newsweek*, August 6th, 1990）

⑦⑥ Still-unaffiliated musicians are eager to get in on a good thing.

　　　　　　　　　　　　　　　　　　（*Newsweek*, July 23rd,1990）

⑦⑦ About 25 percent of the wineries in this year's Orange County
　　 competition were from outside California - and a Virginia white
　　 captured gold.　　　　　　　　　　（*Newsweek*, July 23 rd,1990）

⑦⑧ This week thousands of people from throughout the world will
　　 converge on San Francisco for the Sixth International Conference on
　　 AIDS.

　　　　　　　　　　　　　　　　　　（*Newsweek*, June 25th, 1990）

⑦⑨ However divided Soviet citizens are on those aspirations, they would
　　 dismiss as powerless a leader who cannot hold on to his nation.

　　　　　　　　　　　　　　　　　　（*Newsweek*, December 11th, 1989）

⑧⓪ So let's take a good look around at the museum.

　　　　　　　　　　　　　　　　　　（テレビ英語会話Ⅱ　テキスト）

⑧① Robert Royall, who suffers from unusually high cholesterol owing to a
　　 genetic condition, saw his cholesterol drop from 360 to about 250 on

the program. (*Newsweek*, July 30th, 1990)

�822 Tourist buses cruise to <u>within a few yards of the pyramids and the Sphinx</u>. (*Newsweek*, July 30th, 1990)

㊳ Sales bring prices down to <u>around $12</u>, at best.

(*Newsweek*, July 16th, 1990)

㊴ The acquisition of this morphology, as in typologically similar spoken languages, does not begin until <u>after age 2</u>.

(Richard P. Meier, Elissa L. Newport (1990))

㊵ As an inducement, he overruled the Pentagon and offered to end U.S. production of new binary weapons (which are easily transportable because their lethal ingredients are not mixed until just <u>before use</u>).

(*Newsweek*, December 11th, 1989)

㊶ How do you find property values, the economics of living there versus <u>in the city</u>? （テレビ英語会話Ⅱ　テキスト）

本章では不定詞をある種の前置詞句であるとする立場をとっているが、そうすると次例に見られるような about to VP は前置詞句 to VP が前置詞 about の目的語になっていると考えることができる。

㊷ I was just about to go out when the phone rang.

田中・甲斐（1990）は、Quirk et al. (1985)によれば be able to や be willing to は文頭で用いられると容認度が低くなるが、be about to については㊹のような実例が観察されるとしている。

㊸? Able /? Willing to resist, Matilda declined to betray her country.

㊹ About to take his first horseback ride, the greenhorn was checking out the horses in the stable. (*Reader's Digest*, Jan. 1988)

このように about to VP を文頭に置くことができるのは、これが前置詞句的な性格をもっているからではないだろうか。さらに次例を見られたい。

㊺ "It's a bank robbery about to happen, and we're trying to preempt it, says investment banker Robert Hormats.

(*Newsweek*, August 13th, 1990)

　本例ではabout to VPが前置詞句的であるために後置修飾が可能となっていると考えられないだろうか。ただし田中・甲斐（1990）も指摘しているようにNP + able to/willing to VPも可能である。ちなみにNP + able to以外に⑨に見られるようにNP + unable toも可能である。

⑨　Those unable to claim ancestral lands wound up with no livestock and little land.　　　　　　　　　　　　　　　　（*Newsweek*, Sept.24th, 1990）

　しかしながら、about to VPは次の⑨においてNPに固有名詞をとっていることから明らかなように、疑似修飾節の機能も果たし、able to, willing toとはやはり異なった性格をもっているといえる。ただし、こういったabout to VPに特有な性格がその前置詞句的性格に起因するものかどうかは定かではない。

⑨　As he turned his attention to some papers on his desk, he caught a glimpse of Peter Fountain about to leave.　　　　（G. Gipe, Gremlins）

　また、beを含んだ準助動詞be going to, be toには適用できないthere挿入がbe about toには適用できる。

⑨　Several people are to leave at noon.

⑨＊There are several people to leave at noon.

⑨　Some classy dames are going to come with us.

⑨＊There are some classy dames going to come with us

⑨　Several people are about to leave at noon.

⑨　There are several people about to leave at noon.

　⑨の文法性をabout to VPの前置詞句的性格に結びつけるのは無理があるだろうか。以下に実例をあげておく。

⑨　There's a crime wave about to break across the nation's screens. Hollywood has given wild again over gangsters.

　　　　　　　　　　　　　　　　　　　　（*Newsweek*, Sept. 17th, 1990）

　前置詞の自的語になっている前置詞句の例を続ける。

⑩　But rivals like Amdahl, Hitachi and Fujitsu have pushed. Big Blue's share of the market down from 72 percent in 1985 to under 70 percent last year.　　　　　　　　　　　　　　　（*Newsweek*, Sept. 17th, 1990）

⑩ When we've reached the point of praising two lately fascist powers as greater exponents of good than the United States that stopped them, our commentary is being phoned in from <u>beyond the Moons of Meepzor</u>.

(*Newsweek*, Sept. 17th, 1990)

⑩ Despite Bush's publicly stated willingness to consider some form of tax increase, leaks from <u>inside the budget sessions</u> essentially confirm that a critical sticking point has been his insistence on a capital-gains tax cut... (*Newsweek*, Oct. 1st.1990)

⑩ The budget deficit nears 10 percent of GNP (against 4 percent in the United States), inflation has soared to <u>between 15 and 20 percent</u>, and shortages are everywhere. (*Newsweek*, Oct.8th, 1990)

⑩ But its planners had failed to take into account the impact of the oil crisis on the price of acrylic fibers or anticipate the declining market for its target production of <u>over 2 million wool-acrylic sweaters</u>.

(*Newsweek*, Oct. 15th, 1990)

⑩ Oddly enough it's not one of these national classics that's the most popular tax-free item sold at Heathrow, but the Hermes scarf from <u>across the Channel</u>. (*Newsweek*, Oct. 22nd, 1990)

これまで見てきた諸例から明らかなように、前置詞句は様々な前置詞の目的語となることができるのであるが、本章において、ある種の前置詞句としている不定詞も同様の振る舞いを見せるであろうか。先に不定詞がaboutの目的語となりうることを観察したが、それ以外の前置詞についてはどうだろう。まずasについては扱いが難しいが、以下の諸例では前置詞のasが目的語として名詞性を帯びた前置詞句をとっていると考えたい。ちなみに今井他（1989）でもasを前置詞として分析している。

⑩ <u>As</u> for John, he is always surrounded by friends.

⑩ On two other counts, an appeals-court panel ordered the trial judge to hold an inquiry <u>as</u> to whether North's trial may have been tainted by the congressional testimony he gave under immunity.

(*Newsweek*, July 30th, 1990)

⑱ Last week he signed a decree declaring that all trade with members of the defunct communist trading bloc COMECON, including Cuba, will switch from barter to hard currency <u>as</u> of Jan.1.

(*Newsweek*, August 6th, 1990)

asは不定詞を従えることもできる。

⑲ He was so kind as to help me.

⑳ He tried hard so as to be elected.

先に見たabout to VPと同様に、前置詞asが目的語として名詞性を帯びた前置詞句的な不定詞をとっていると考えられないだろうか。次のexcept to VPについても about to VP, as to VPと同様に考えたい。

⑪ Look, if you want to maintain the lifestyle you have without fear of nationalization, you have no option <u>except</u> to support Inkatha.

(*Newsweek*, August 6th, 1990)

つまり、本章では不定詞を前置詞句として扱っているが、あくまでも典型的な前置詞句ではない。このため通常の前置詞句については様々な前置詞の目的語となっている例が観察されるのに対して、不定詞はabout, as, exceptといったごく限られた前置詞の目的語にしかなれないと考えられるのである ²⁾。この点については1.4でさらに詳しく検討したい。

前置詞句が前置詞の目的語になっている例をさらに見ていこう。

⑫ Just this month,11 members of the tiny dissident Human Rights association were sentenced to prison terms of <u>up to 15 years</u>.

(*Newsweek*, August 6th, 1990)

⑬ The finished product must bear comparison with what comes from the tap at a decent bar, not to speak of <u>off the shelf</u> at the deli.

(*Newsweek*, June 18th, 1990)

本例の下線部は、本来、前置詞句であったものが慣用的に名詞として用いられるようになったものと思われる。後続する前置詞句at the deliによって後置修飾されていることに注意されたい。

⑭ Good jobs like the 410 civilian positions at Jefferson are hard to come by in <u>nearby Madison</u>, a picturesque Ohio River town.

(Newsweek, August 6th, 1990)

⑮ They'll ask their doctors for the help they need-and then they'll get on with <u>the rest of the prime of their lives</u>. (Newsweek, August 6th, 1990)

⑯ By the second quarter of 1991, his forecast suggests, unemployment will have jumped to <u>above 7 percent</u>, and...

(Newsweek, August 13th, 1990)

⑰ Konno,19, from Sapporo, Hokkaido, said she was "very happy and surprised" to have been picked from <u>among the 20 first-class orators</u>.

(Mainichi Weekly, Sept. 1st, 1990)

さて、1.1 〜 1.3 では英語の前置詞句が文の主語や動詞および前置詞の目的語になりうることから名詞性を持つ側面のあることを観察したのであるが、言うまでもなくその名詞性は通常の名詞が持つそれよりは相対的に低い。このことを以下で議論する。1.1 の⑫、⑬、⑭では等位接続詞で連結された前置詞句が複数扱いされたり、前置詞句が代名詞で受けられたりするという有村（1987）、Ross (1973)の指摘を取り上げたが、そのような前置詞句は関係節の先行詞になりうるだろうか。

⑱ John appeared from behind the tree.

⑲ a　the tree which John appeared from behind

　 b ＊ behind the tree which John appeared

　 c ＊ from behind the tree which John appeared

⑲ bが不自然であると判断されるならば、前置詞句 behind the tree は前置詞 from の目的語になる程度の名詞性は持っているが、関係節の先行詞となりうる程の名詞性は持っていないということになる[3]。ところが、実際には次のような例が存在する。

⑳ "I am definitely NOT OK."

　Japanese reporter TOYOHIRO AKIYAMA, the first journalist to report from outer space, from <u>aboard the Soviet spaceship</u> where the fourpack-a-day smoker has done nothing but complain of dizziness and

badly needing a cigarette.　　　　　(*Newsweek*, December. 17th, 1990)

　下線部は前置詞 from の目的語であり、かつ制限的関係副詞節の先行詞となっている。後に見る⑫との関連で興味深い。さらに Jackendoff (1973)によれば、前置詞句が非制限的な関係節の先行詞になれることがあるという。

⑫　A prepositional phrase can be found across the copula from a measure

　　phrase, which is a significant position.

　しかしながら、非制限的関係節の先行詞となる要素は通常固有名詞であるから、ここでは名詞性とは別の要因が関与しているものと思われる。

　また Jaworska (1986)は名詞句と前置詞句の違いが反映された例として⑫、⑬をあげている。

⑫　Which counter did he pick the gun from ?

⑬＊Behind which counter did he pick the gun from ?

　次の⑭、⑮からも前置詞句が持つ名詞性の特異さを窺い知ることができよう。

⑭＊What did John appear from ? He appeared from behind the tree.

⑮　Where did John appear from ? He appeared from behind the tree.

⑯　Where does John come from ?

　⑮の where は、⑯の where と同様に前置詞の目的語として働いている疑問代名詞である。

　前置詞句が名詞性を持ちうるといっても、そのような前置詞句を形成する前置詞については、ある傾向が認められる。例えば 1.1 ～ 1.3 で観察した限りにおいて from NP は主語にも動詞、前置詞の目的語にもなれない。これは、どうしてであろうか。あくまでも推測の域を出ないが、意味的な要因が関与しているのではないだろうか。from NP に対して to NP は主語や動詞の目的語にはなれないが、1.3 の⑲に見られるように前置詞の目的語にはなれる。ただし、ここでは不定詞は考察の対象から外すこととする。さらに、from NP to NP は 1.2 の⑳に見られるように動詞の目的語になれる。from NP to NP では起点と着点が示されており、意味的なまとまりを持っている。このことが、同要素の名詞

性に関係しているのではないか。では、to NPには名詞性が認められるのに対してfrom NPにはどうして名詞性が認められないのか。池上（1981）が指摘しているようにto NPのように着点だけが示されている場合は、そこに起点が含意されており意味的なまとまりを保ちやすいが、from NPのように起点だけが示されている場合は、そこから着点を想起することは困難であり意味的なまとまりを保つことができない。このことが両要素の名詞性の有無に反映されていると思われる。次例を参照されたい。

⑫　The country's fleet of F-16 jet fighters will be suffering from shortages of spare parts <u>within four to six weeks</u>.　(*Newsweek*, Oct.29th, 1990)

⑬　within from four to six weeks

⑭＊within from four six weeks

⑫の下線部および⑬が文法的で⑭が非文法的であるならば、それは⑫では着点であるところのto six weeksからfourが起点であると解釈されうるが、⑭では起点であるところのfrom fourからsix weeksが着点であるといった解釈が行われないためであると考えられる。しかしながら、前置詞の目的語になっている例が数例あるというだけでto NPに名詞性があると主張すること自体に問題があると思われ、名詞性と意味的なまとまりを関連づける議論全体もその妥当性をさらに検討する必要がある。

1.4　前置詞句と不定詞

　本章では、ここまで不定詞をある種の前置詞句であるとする立場を取ってきた。本節では、不定詞と前置詞句の共通点および相違点についてその根拠を述べる。

1.4.1　前置詞toと不定詞のtoは歴史的には密接に関係づけられる

　児馬（1990）は以下のように説明している。例文はすべて児馬（1990）からとった。

　不定詞の起源は⑬のような古英語にあるといわれており、不定詞はもともと動名詞と同様に動詞起源の名詞であって、それ自体が格を示す接辞を持ってい

た。

⑬　hie common to me to wyrcenne...

　　[they came to me to work...]

　古英語では主格と対格は -an、与格は -enne (-anne)であり、この与格が方向
や目的を表す前置詞toと共に使われた⑬のような例が今日のto不定詞の起源
である。本例ではwyrcan (= work)という動詞が与格形wyrcenneとなってい
て前置詞toの目的語名詞であったことがよくわかる。古英語ではこのような
屈折をもった不定詞がよく見られるが、中英語になって名詞等の語尾が水平
化(-an,-enne > -en > -e)されたため、toが前置詞としてではなく新たに不定詞
のマーカーであると解釈されたのであろう。これを図示すると以下のようにな
る。

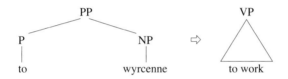

　この仮定を裏づける興味深い事実が中英語にある。11 世紀から⑬のような
to不定詞の前に、さらに別の前置詞forを伴う例（for to不定詞）が増えるので
ある。

⑬　a.　it is good to vs [=us] for to be here

　　b.　God bad [=bade] us for to wexe [=wax] and multiplie [=multiply]

　一般にある機能を持った形式が、なんらかの理由でその機能を失う時、後
で、それと同じ機能を持った既存の別の形式で補うという変化のパターンは珍
しいことではない。この場合、toの原義（方向、目的を表す意）が失われ、不
定詞のマーカーになったため、その原義を持つ別の前置詞forを重ねたものと
解釈できる。このように形成されたfor to不定詞は、当初はtoが最初に不定詞
を形成した時と同様に目的を表す付加語として用いられる傾向が強かったが、
後期中英語ではすでにfor to不定詞がto不定詞とほぼ無差別に使われていたと
いう研究も報告されている。

⑪ a. This prison caused me nat for to crye.

     b. That caused hym to sette hymself afyre.

　もしそれが正しいとすると、for to もまた前置詞 for の原義を失い、単なる不定詞のマーカーと化したことも考えられる。現代英語で to 不定詞の目的の意を明示する表現として so as to や in order to があるが、これらの初例が OED（『オックスフォード英語辞典』）によれば 16 世紀後半であるというのも for の原義の消失と無関係ではなかろう。

1.4.2　前置詞句も不定詞も名詞的、副詞的、そして形容詞的に働く

　ただし、両要素の名詞としての振る舞いには副詞あるいは形容詞としてのそれに比べて違いが目立つ。前置詞句は不定詞に比べて 1.1 および 1.2 で観察したように主語、動詞の目的語にはなりにくい。前置詞句は 1.3 で見たように様々な前置詞の目的語となりうるが不定詞は as, except, about といった限られた前置詞の目的語にしかなれない。また、不定詞が動詞の目的語になるといっても無制限に認められるわけではない。

1.4.3　前置詞句は文の補語の位置に現れることがある

⑫ John is in the room.

⑬ His specialty is in physics.

⑫と⑬では be 動詞の性質に違いがある。⑫では前置詞句を副詞、there で置き換えることが可能であるが⑬では不可能である。

⑭ John is there.

⑮＊His specialty is there.

⑬では前置詞の省略が可能であるが⑫では不可能である。

⑯＊John is the room.

⑰ His specialty is physics.

以下の 2 例も⑬と同じタイプである。

⑱ His first lessons were in bowing and sweeping.

（JAY McINERNEY, Ransom）

⑭ ＊His first lessons were there.

⑭ 　His first lessons were bowing and sweeping.

⑭ 　My next stop was at the drugstore.

⑭ ＊My next stop was there.

⑭ 　My next stop was the drugstore.

しかしながら、一見⑭と同種のようであっても前置詞の省略ができない例もある。

⑭ a. Sometimes, the first impression we make is on the telephone.

　　　　　　　　　　　　　　　　(*Mainichi Weekly*, Dec. 9th, 1989)

　　b. ＊The first impression we make is there.

　　c. ＊The first impression we make is the telephone.

⑭ a. The first call news desks in London place is to Washington.

　　　　　　　　　　　　　　　　(*Newsweek*, Sept. 10th, 1990)

　　b. ＊The first call news desks in London place is there.

　　c. ＊The first call news desks in London place is Washington.

一方、不定詞も前置詞句と同様に補語の位置に現れることができる。

⑭ 　His hobby is to play tennis.

本例の下線部も⑭、⑭と同じくthereに置き換えることはできないし、toの省略も不可能である。

⑭ ＊His hobby is there.

⑭ ＊His hobby is play tennis.

しかしながら、以下の諸例ではtoの省略が可能である。

⑮ 　"The only thing you can do is try not to give hoodlums the chance", the company president says.　(*Newsweek*, July 16th, 1990)

⑮ 　What I do most of my life is sit in a room myself.

　　　　　　　　　　　　　　　　(*Newsweek*, Feb. 12th, 1990)

⑮ 　All Bush had to do was sign an agreement pledging never again to violate S&L rules.　(*Newsweek*, July 23rd, 1990)

⑮ 　The last thing farmers want to do is get encumbered in a lot of paperwork. (*Newsweek*, Dec. 11th, 1989)

　以上、補語の位置に現れる前置詞句と不定詞がよく似た振る舞いを見せる場合があることを観察した。ただし、こういった類いの構文において、どのような条件のもとで前置詞句の前置詞あるいは不定詞のtoが省略可能となるのかといった点については不明のままである。

1.4.4　不定詞は関係節を形成することができる

⑮　Could Shanghai eventually upstage or even replace Hong Kong as the prime place in which to do business in South Asia ?

(*Newsweek*, Sept.24th, 1990)

⑮　A poll of U.S. CEOs shows London is by far the most popular European city in which to locate offices.

(*Newsweek*, December, 10th, 1990)

⑮　Many Britons are wary of the EC, but Thatcher went too far ever for some xenophobes, giving Howe a stick with which to beat her in his speech two weeks ago.　(*Newsweek*, December, 3rd, 1990)

　一方、前置詞句は関係節を形成することはできない。

⑮　a.　many people at work in the office

　　b.　＊the office in which many people at work

　長原（1990）は不定詞関係節には定形節にはない制約があり、限られた形のものだけが許されるとしているが、ここでは同氏があげている例を提示するにとどめておく。

⑮　Inwardly I hoped she had some blunt instrument with which to hit me.

⑮　I found an usher from whom to buy tickets.

1.4.5　不定詞では副詞の挿入が可能である

　いわゆる分離不定詞（Split Infinitive）である。

⑯　We've been talking about weddings, and now I'm going to get the chance to really see one for myself. (*Mainichi Weekly*, Oct.27th, 1990)

⑯　"The Syrians don't need to physically hold the territory of Lebanon,"
says Richard Jereissati, Lebanese Forces foreign affairs director.

（*Newsweek*, Oct. 22nd, 1990）

⑯　My greatest pleasure would be to one day have people appreciate my
jewely and enjoy wearing it.　　　（*Mainichi Weekly*, Oct.20th, 1990）

　分離不定詞は無制限に認められるものではなく、『新英語学辞典』によれば
分離不定詞を作る副詞は様態、程度、時などに関連するものが多いとのことで
ある。一方、前置詞句では前置詞と名詞句の間に副詞を介在させることはでき
ない [4]。

⑯　a.　He talked mainly about the GB theory.

　　　b.　＊He talked about mainly the GB theory.

　ただし、次のような例は可能である。

⑯　the object of further illustrating the matter

（cf. in order to further illustrate the matter）

これは動名詞が文としての内部構造を持つからである。

1.4.6　不定詞は疑問詞、接続詞 whether に後続しうるが前置詞はできない

⑯　I don't know what to do.

⑯＊I don't know what in the box.

⑯　You must decide whether to go or stay.

⑯＊You must decide whether to the park or the zoo.

　上記②〜⑥において、観察した事実をすべて不定詞の前置詞句的な性質の名
残、あるいは喪失といったことに結びつけて論じることはできないとは思う
が、部分的には、そういった観点からの説明が可能ではないかと考えられる。

1.5　日本語の後置詞句の名詞性について

　1.1 〜 1.4 では英語の前置詞句が名詞性を持つことを見たが、同様の名詞性
が日本語にも認められるだろうか。日本語において、英語の前置詞句に対応す
るのは名詞に格助詞が付加された句である。本章では、これを後置詞句と呼

び、以下の部分でその名詞性を検討する。

1.5.1　主題化の可能性

以下に明らかなように、主題になれる要素は、通常名詞である。

　　⑯＊<u>美しい</u>はひまわりだ。

　　⑰＊<u>速く</u>は太郎が走る。

　　⑰＊<u>育つ</u>は花子がすくすくとだ。

　　⑰　<u>大阪</u>は食べ物がうまい。

⑯〜⑰から明らかなように形容詞、副詞、動詞等は主題化できない。では後置詞句についてはどうだろうか。

　　⑰　<u>大阪で</u>は花博が開催されている。

　　⑭　<u>大阪から</u>は渋谷高校が出場した。

　　⑮　<u>大阪駅に</u>は身障者用のエレベーターがない。

　　⑯　<u>奈良へ</u>は多くの観光客が訪れる。

　　⑰　<u>花子と</u>は太郎が婚約した。

　　⑱　<u>30 ページまで</u>は私が清書しておきました。

⑰〜⑱より後置詞句は名詞性をもっているといえる。

1.5.2　「AのB」の枠組に収まるか否か

「AのB」という表現においては、A、Bには基本的には名詞が現れる。

　　⑲＊<u>美しい</u>の極致（美しさの極致）

　　⑳＊<u>速く</u>の秘密（速さの秘密）

　　㉑＊<u>育つ</u>の良さ（育ちの良さ）

　　㉒　<u>大阪</u>の人口

⑲〜㉑から形容詞、副詞、動詞等は「AのB」の枠組に収まらないということが分かる。後置詞句についてはどうだろうか。

　　㉓　<u>花子から</u>の電話

　　㉔　<u>日光へ</u>の修学旅行

　　㉕　<u>花子と</u>の出会い

⑱　海岸での撮影

⑱　奈良までの往復切符

⑱～⑱から後置詞句は「AのB」の枠組に収まり、名詞性をもっていることが分かった。

梅原（1989）は、格助詞、副助詞に含められる助詞が準体助詞としての働きを持つ場合があるとして次のような例をあげている。

⑱　学校を卒業してからが大変だ。

⑱　君だけに教えてあげる。

⑲　彼ぐらいになったら何でも自由にできるだろう。

しかしながら「主題化の可能性」「『AのB』の枠組に収まるか否か」は、ある要素の名詞性を判定する絶対的な基準ではない。例えば、⑱、⑱で見たように「名詞＋で」は「AのB」の枠組に収まり、主題化も可能であるが奥津（1974）のいうところの「同一名詞連体修飾構造」の被修飾名詞にはなれない。

⑲＊太郎が花子に会った東京で（太郎が花子に会った東京）

他の後置詞句についても同様である。

⑲＊太郎が手紙を受け取った花子から

⑲＊我々が修学旅行に出掛けた日光へ

⑲＊太郎が出会った花子と

⑲＊花子が年賀状を出した太郎に

⑲＊子供達が潮干がりに行った伊勢まで

また奥津（1978）は、⑱の「の」は「だ」の連体形であり、連用修飾語「明日」は「出港の」にかかっているとしている。

⑲　ブラジル丸は、明日出港だ。

⑲　明日出港のブラジル丸

さらに奥津（1978）は、副詞による連体修飾で「の」が現れる例として以下のような例をあげている。

⑲　ビールがちょっとだけある。

⑳　ちょっとだけのビール

㉑　お菓子がたくさんある。

㉒　たくさんのお菓子

次例も同様に扱われている。

㉓　いつものこと

㉔　西に向かっての大追跡

㉕　お代は見てのお帰り

また形容動詞が連体修飾する時に「な」以外に「の」も取れる例として、

㉖　いろいろ　｜な｜　催し
　　　　　　　｜の｜

㉗　特別　｜な｜　待遇
　　　　　｜の｜

形容動詞的であるが「の」しかとれない例として、

㉘　別　｜＊な｜　問題
　　　　｜の｜

㉙　本当　｜＊な｜　こと
　　　　　｜の｜

㉚　最高　｜＊な｜　気分
　　　　　｜の｜

そして、「な」を取るか「の」を取るかで形容動詞と名詞の区別ができるものとして次のような例をあげている。

㉛　ばかな娘

㉜　ばかの娘

㉝　自由な女神

㉞　自由の女神

㉛、㉝が形容動詞、㉜、㉞が名詞であるということである。

　ここでは「AのB」というテストフレームに関して本章と異なる見方もあるということを述べるにとどめておく。

　以上、本節では、英語の前置詞句と日本語の後置詞句に名詞性が認められることを明らかにした。

2. 前置詞句と後置詞句の動詞的性格

英語の前置詞句の動詞的性格は、同要素が副詞によって修飾されることに見
て取れよう。以下の例を見られたい。

㉕　<u>Immediately</u> opposite the house that Soseki lived in, at 80b The
　　Chase, MW readers can visit the Soseki Museum in London, founded
　　by Sammy I. Tsunematsu, a Japanese resident in London and Soseki
　　expert, in 1984.　　　　　　　　　　　(*Maincni Weekly*, July 27th, 2002)

㉖　I don't want to give too much away in case you are determined to see
　　this film. But here are some of the reasons I was yawning <u>way</u> before
　　the end. There is no passion between our lovers.

　　　　　　　　　　　　　　　　　　　　　　（週刊 ST, July 20th, 2001）

㉗　People spend a lot of money on their pets. Supermarket aisles display
　　gourmet pet food and various types of pet toys for <u>just</u> about any kind
　　of animal.　　　　　　　　　　　　　　(*Mainichi Weekly*, July 7th, 2001)

㉘　In many areas of Southeast Asia, people are able to travel to
　　neighboring countries <u>simply</u> by crossing over mountains on foot, or
　　paddling across straits or rivers in small boats.

　　　　　　　　　　　　　　　　　　　　(*Mainichi Weekly*, July 14th, 2001)

前置詞duringに見られるように、動詞のing形が前置詞としての機能を果た
す場合がある。

㉙　Beijing has strongly opposed official visits to Yasukuni Shrine by
　　Japanese prime ministers on the grounds that such trips are tantamount
　　to justifying Japan's aggression in China before and <u>during</u> WW II.

　　　　　　　　　　　　　　　　　　　　(*Mainichi Weekly*, July 21st, 2001)

同様の傾向は、他の動詞にも認められるように思われる。次例を見られた
い。

㉚　Evidently, the Cold War era, when West European capitals almost

automatically accepted Washington's security policies toward and
<u>involving</u> Europe, is in the past.　　　　　　（週刊 ST, June 29th, 2001）
　本例において、involvingは、基本的には現在分詞として分析されようが、
前置詞towardと等位接続されていることから、involving Europe全体が前置詞
句を形成していると考えることも可能であると思われる。以下にあげる諸例に
ついても、動詞のing形が前置詞のような働きをしていると考えられそうであ
る。

㉑　Former U.S. President Ronald Reagan's famous words <u>concerning</u> the
　　INF treaty were, "Trust, but verify." (*Mainichi Weekly*, July 7th, 2001)

㉒　Even the Thai king himself expressed his concerns <u>regarding</u> the spread
　　of shrimp cultivation in his country.

　　　　　　　　　　　　　　　　　　(*Mainichi Weekly*, Sept. 15th, 2001)

㉓　What I'm referring to is the G8 conference of foreign ministers held in
　　Rome immediately <u>preceding</u> the summit.

　　　　　　　　　　　　　　　　　　(*Mainichi Weekly*, Sept. 1st, 2001)

㉔　He also warned of "an axis of evil," <u>incorporating</u> nations like North
　　Korea, Iran and Iraq.　　　　　　（週刊 ST, Feb. 8th, 2002）

㉕　The school is named after the famous Japanese bacteriologist who
　　visited many countries, <u>including</u> Ecuador, to help light yellow fever.

　　　　　　　　　　　　　　　　　　(*Mainicni Weekly*, July 21st, 2001)

　日本語の後置詞句の動詞的性格は、複合格助詞に認めることができる。塚本
（1991）によれば、複合格助詞には、以下の㉖にあげたような、動詞の連用形
に「て」が付着した形態が何か単一の連用格助詞に後続したものと、㉗にあげ
たような、連体格助詞「の」あるいは連用格助詞にかなり形式化した名詞が続
き、またその後ろに単一の連用格助詞がきたものの２つに大別される。

㉖　～において　～について　～に当たって　～に対して　～にとって
　　　～によって　～をして　～をもって　～でもって　～として

㉗　～のために　～のおかげで　～とともに

　そして、㉖にあげた複合格助詞には、以下の２点から、その中に動詞が含

まれていると考えることができるとしている。まず、これらの複合格助詞は、動詞の格支配の特徴を受け継いでいる。「～について」や「～に当たって」が「に」を取るのは、動詞「つく」あるいは「当たる」が着点を含意するからであり、「～をもって」が「を」を取るのは、「もつ」が対象を要求する動詞であることの反映である。さらに、これらの複合格助詞は、丁寧形式を取り得るという事実があげられる。「～におきまして」「～につきまして」「～に当たりまして」「～をもちまして」「～としまして」というように、動詞に付加される丁寧形式「ます」を用いて表現することが可能である。しかしながら、複合格助詞がその中に含んでいる動詞部分の意味の実質性には、いくつかの段階がある。塚本（1991）は、複合格助詞の動詞部分について、㉘のように、意味の実質性を保持しているものからそれを欠いているものまで、A、B、Cの3段階ぐらいに分類できるとしている。

㉘　A：～に関して　～に対して　～を指して　～を目指して

　　B：～において　～について　～に当たって　～に際して

　　　　～にわたって　～によって　～をもって

　　C：～にとって　～をおいて　～をして　～でもって　～として

　Aのグループの複合格助詞が動詞部分の意味の実質性を比較的保持しているのに対して、Cのグループの複合格助詞はそれをかなり欠いてしまっている。Bのグループの複合格助詞は、AとCの中間に位置づけられている。動詞部分の意味の実質性が保持されていればいるほど、動詞部分が頻繁に漢字で表記され、動詞部分の意味の実質性が欠けていればいるほど、動詞部分が漢字で表記されることはまれであり、ひらがな表記が普通になるという。また、動詞部分の意味の実質性が保持されていればいるほど、動詞部分の連体形が可能になるが、これが欠けていればいるほど、動詞部分の連体形が不可能になるとされている。

　以上、本節では、英語の前置詞句と日本語の後置詞句、特に複合格助詞に観察される動詞的側面について議論した。

3．6章のまとめ

　本章では、英語の前置詞句と日本語においてこれに対応すると考えられる言語形式、後置詞句を考察の対象として、その名詞性と動詞性を中心に議論を展開し、以下の結論を得た。

① 英語の前置詞句は文の主語になり動詞および前置詞の目的語になる。これらの事実から英語の前置詞句は名詞性を持ちうると考えられる。

② 日本語において英語の前置詞句に対応すると思われる後置詞句つまり「名詞＋格助詞」は、主題となることができ、「AのB」の枠組に収まりうることから名詞性を持っていると考えられる。

③ 英語の前置詞句は、副詞によって修飾されうること等から、動詞的性格を有していると考えられる。一方、日本語の後置詞句については、複合格助詞に動詞を含むものがあり、動詞的な特徴を受け継いでいる。

　今後の課題としては、名詞性を持つ前置詞句を形成する前置詞がそうでない前置詞と比較して、どのような特徴を有しているのかを明らかにすることがあげられよう。

■ 注 ■

1）次例が文法的であればaway fromが前置詞であるといえるのではないか。

(i) Students held a rally in and away from the university.

次のout ofについても同様の見方ができるであろう。

(ii) Voices of criticism are being raised in and out of the school.

2）次例では不定詞がfromの目的語になってはいるが、いわゆる引用実詞であり、あくまでも例外である。

(iii) We have begun to redefine the debate from 'to tax or not to tax' to 'who pays, and is it fair?'　　　　　　　　　　　　　　　　　　　(*Newsweek*, Nov. 5th, 1990)

3）本章の分析に従えば⑲bが⑲cよりも文法性が高いと予想されるが、筆者のインフォーマントは⑲b、cともに同様に不自然であると判断した。しかしながら、そのような判断を示した彼女は、前置詞の目的語を関係節の先行詞とすること自体に抵抗があるらしく⑲aさえも不自然であると指摘している。

4）あらゆる副詞が、前置詞句の前置詞と名詞句の間に介在できないわけではない。以下に見られるようにnearly, almost, just, even等は介在しうる。

(iv) The upshot was that Air Force needs preempted U.S. airlift capability for nearly all of the first month.　　　　　　　　　　　　　　　　(*Newsweek*, Nov. 5th, 1990)

(v) The result can be a gap of almost 2,000 percent between the cost to a counterfeiter of making a pill and the legitimate drug's retail price.　　(*Newsweek*, Nov. 5th, 1990)

(vi) Officials have drafted a list of just 410 essential drugs that can be legally administered beginning next Feb.13.　　　　　　　　　　(*Newsweek*, Nov. 5th, 1990)

(vii) Russians can joke at even the worst of times.　　(*Newsweek*, Dec. 17th, 1990)

■ 引用・参考文献 ■

1章

Donnellan, K. 1966 "Reference and Definite Descriptions" in A. Kasher(ed.) *Pragmatics...Critical Concepts...3* Routledge

庵功雄 1994「「この」と「その」の文脈指示用法の研究 ― 日本語のテキストの結束性研究におけるその位置づけ ―」KLS ワークショップ発表資料

金水敏 1986「連体修飾成分の機能」『松村明教授古希記念国語研究論集』明治書院

木村英樹 1983「「こんな」と「この」の文脈照応について」『日本語学』第 2 巻 第 11 号

益岡隆志 1994「名詞修飾節の接続形式 ― 内容節を中心に ―」田窪行則編『日本語の名詞修飾表現』くろしお出版

益岡隆志 1995「連体節の表現と主名詞句の主題性」益岡隆志・野田尚史・沼田善子編『日本語の主題と取り立て』くろしお出版

益岡隆志 1997『複文』くろしお出版

益岡隆志・田窪行則 1992『基礎日本語文法 ― 改訂版 ―』くろしお出版

Prince, E.F. 1981 "Toward a taxonomy of given-new information" in Cole, P.(ed.) *Radical-Pragmatics* Academic Press

佐久間鼎 1936『現代日本語の表現と語法』恒星社厚生閣

須賀あゆみ 2001「属性を導く指示表現について」『六甲英語学研究』第 4 号　六甲英語学研究会

須賀あゆみ 2002「指示表現の属性を導く機能について」『英語語法文法研究』第 9 号　英語語法文法学会

寺村秀夫 1975-78「連体修飾のシンタクスと意味 ― その 1 ― その 4『日本語・日本文化』4-7　大阪外国語大学留学生別科

時枝誠記 1950『日本文法』岩波書店

野田尚史 1989「真正モダリテイをもたない文」仁田義雄・益岡隆志編『日本語のモダリティ』くろしお出版

2章

今西典子・浅野一郎 1990『照応と削除』新英文法選書　大修館書店

庵功雄 1994「結束性の観点から見た文脈指示」『日本学報』13 大阪大学文学部日本学科

庵功雄 1995「テキスト的意味の付与について」『日本学報』14 大阪大学文学部日本学科

浜田麻里 1995「いわゆる添加の接続語について」仁田義雄（編）『複文の研究（下）』くろしお出版

本多真紀子 1999「日本語の接続詞ソコデについて ― 発話行為理論の観点を軸に ―」日本言語学会第 119 回大会予稿集

伊藤晃 1994「Even so ／それでも、そうだとしても、それにしても」『さわらび』3 号　神戸市外国語大学文法研究会

伊藤晃 2001「接続表現としての「それも」― 情報付加のあり方と文法化の可能性」『立命館文学』第

568 号　立命館大学人文学会

河上誓作編著 1996 『認知言語学の基礎』研究社出版

益田隆志 1993 「条件表現と文の概念レベル」益田隆志編『日本語の条件表現』くろしお出版

森田良行 1989 『基礎日本語辞典』角川書店

中尾俊夫・児馬修編著 1990 『歴史的にさぐる現代の英文法』大修館書店

奥津敬一郎・沼田善子・杉本武 1986 『いわゆる日本語助詞の研究』凡人社

定延利之 1993 「認知的スケールへの知識の反映 ―「とりたて詞デモ」の分析 ―」『音声文法の試み ―
　　統語構造・情報構造の韻律的特徴の対応に関する研究 ―』文部省科学研究費重点領域研究成果報
　　告書

坪本篤朗 1993 「条件と時の連続性 ― 時系列と背景化の諸相 ―」益岡隆志編『日本語の条件表現』くろ
　　しお出版

Hopper, Paul, and Elizabeth Closs Traugott. 1993 *Grammaticalization* Cambridge University Press.

Langacker, Ronald W. 1998 "On the Subjectification and Grammaticization." Jean-Pierre Koenig (ed.)
　　Discourse and Cognition CSLI Publications

Sweetser, Eve E. 1990 *From Etymology to Pragmatics : Metaphorical and Cultural Aspects of Semantic
　　Structure* Cambridge University Press.

Traugott, Elizabeth C. 1988 "Pragmatic Strengthening and Grammaticalization" *BLS* 14

Traugott, Elizabeth C. 1989 "On the Rise of Epistemic Meanings in English: An Example of
　　Subjectification in Semantic Change" *Language* 65

Traugott, Elizabeth C. 1995 "Subjectification in Grammaticalisation. Dieter Stein and Susan Wright
　　(eds.)" *Subjectivity and Subjecivisation: Linguistic Perspectives* Cambridge University Press.

3 章

Chomsky, N. 1975 *Reflections on Language* Pantheon Books

福地肇 1987 「動的文法理論の提案」『言語』11 月号　大修館書店

Higgins, R. 1973 *The Pseudo Cleft Construction in English* Doctoral Dissertation MIT.

Hooper, J. B. and Thompson, S. A. 1973. "On the Applicability of Root Transformations" *Linguistic
　　Inquiry* Vol.4 No.4

稲田俊明 1989 『補文の構造』大修館書店

伊藤晃 1997 「いわゆる主節現象について」『北九州大学外国語学部紀要』第 89 号

Kajita, Masaru 1977 "Towards a Dynamic Model of Syntax" *SEL* 5

岡田伸夫 1985 『副詞と挿入文』大修館書店

大室剛志 1984 「挿入節について ― the fact is の場合 ―」『英語学』27　開拓社

4 章

Declerck, R. 1984 "The pragmatics of It-clefts and Wh-clefts" *Lingua* 64

伊藤晃 1992「日英語の分裂文の対照研究 ― 焦点化可能な要素に関する制約を中心に ― 」小西友七編『語法研究と英語教育』No.14　山口書店

伊藤晃 1993a「日英語の分裂文の対照研究 ― 前提部分が表す情報の違いについて」Corpus No.16　六甲英語学研究会

伊藤晃 1993b「分裂文と「のだ」文 ― 課題設定のあり方と構文の文脈依存性」『さわらび』2 号　神戸市外国語大学文法研究会

益岡隆志 1991『モダリティの文法』くろしお出版

仁田義雄 1989「現代日本語文のモダリテイの体系と構造」仁田義雄・益岡隆志編『日本語のモダリティ』くろしお出版

Prince, Ellen F. 1978 "A comparison of wh-clefts and it-clefts in dis- course" *Language* Vol.54 No. 4.

Prince, Ellen F. 1986 "On the Syntactic Marking of Presupposed Open Propositions" *CLS* 22

砂川有里子 1995「日本語における分裂文の機能と語順の原理」仁田義雄編『複文の研究（下）』くろしお出版

5 章

G. ワトキンス 1987『英誤を診る』進学研究社

ジェイムズ・H・M・ウェブ 1987『日本人に共通する英語のミス 121』ジャパンタイムズ社

小篠敏明編 1983『英語の誤答分析』大修館書店

マーク・ピーターセン 1988『日本人の英語』岩波新書

マーク・ピーターセン 1990『続日本人の英語』岩波新書

益岡隆志・田窪行則 1989『基礎日本語文法』くろしお出版

益岡隆志・田窪行則 1992『基礎日本語文法 ― 改訂版 ― 』くろしお出版

松井恵美 1979『英作文における日本人的誤り』大修館書店

Matsumoto, Yoshiko 1990 "The role of pragmatics in Japanese relative clause construction" *Lingua* 82

松本善子 1993「日本語名詞句構造の語用論的考察」『日本語学』11 月号

ピーター・ミルワード 1980『英語の語法診断 ― 日本人の英語の誤り』南雲堂

竹蓋幸生 1982『日本人英語の科学』研究社出版

寺村秀夫 1975 ～ 78「連体修飾のシンタクスと意味　その 1 ～ 4」『日本語・日本文化』4 ～ 7　大阪外国語大学留学生別科

ウェスリー・ヤコブセン 1989「他動性とプロトタイプ論」久野暲・柴谷方良編『日本語学の新展開』くろしお出版

6 章

Allan, K. 1973 'Complement noun phrases and prepositional phrases, adjectives and verbs' *Foundations of Language* Vol.10

有村兼彬 1987「前置詞句主語について」『英語青年』Vol.133 No.l　研究社

池上嘉彦 1981『「する」と「なる」の言語学』大修館書店

今井邦彦他 1989『一歩すすんだ英文法』大修館書店

稲田俊明 1989『補文の構造』大修館書店

Jackendoff, R. 1973 'The base rules for prepositional phrases' in S. R. Anderson and P. Kiparsky (eds.) *A festchrift for Morris Halle* Holt, Reinhart and Winston

Jaworska, E. 1986 'Prepositional phrases as subjects and objects' *Journal of Linguistics* 22

児馬修 1990「英語史研究（史的統語論）の動向の一側面（1）」『英語教育』3 月号　大修館書店

Miller, J. 1985 *Semantics and syntax* Cambridge University Press.

長原幸雄 1990『関係節』大修館書店

中澤和夫 1988「述詞の位置の前置詞句（1）（2）」『英語教育』6-7 月号　大修館書店

奥津敬一郎 1974『生成日本文法論』大修館

奥津敬一郎 1978『「ボクハウナギダ」の文法』くろしお出版

大塚高信・中島文雄監修 1982『新英語学辞典』研究社

Quirk, R. et.al. 1985 *A comprehensive grammar of the English language* Longman

Ross, J. R. 1973 'Nouniess' in O. Fujimura (ed.) *Three dimensions of linguistics theory* TEC

嶋田裕司 1985『句動詞』大修館

田中実・甲斐雅之 1990「About to VP」『英語青年』5 月号　研究社

塚本秀樹 1991「日本語における複合格助詞について」『日本語学』3 月号　明治書院

坪本栄治郎 1990「「前置詞句主語」と主語に対する範疇の指定」『電気通信大学紀要』3 巻 1 号

梅原恭則 1989「助詞の構文的機能」北原保雄編『講座日本語と日本語教育 4 日本語の文法・文体（上）』明治書院

Van Oosten, J. 1977 'On defining prepositions' *BLS* 3

安武知子 1989「目的格の領域拡大の論理」『英語青年』4 月号　研究社

■著者紹介

伊藤　晃（いとう　あきら）

1959 年　大阪府東大阪市生まれ
1982 年　関西大学商学部商学科卒業
1991 年　神戸市外国語大学第 2 部英米学科卒業
1993 年　神戸市外国語大学大学院外国語学研究科（修士課程）修了
1996 年　立命館大学大学院文学研究科博士後期課程単位取得退学
現　在　北九州市立大学基盤教育センター教授
専　攻　英語学

言語の記述と分析

2023 年 12 月 20 日　初版第 1 刷発行

■著　　者──伊藤　晃
■発 行 者──佐藤　守
■発 行 所──株式会社 大学教育出版
　　　　　　〒 700-0953　岡山市南区西市 855-4
　　　　　　電話(086) 244-1268㈹　FAX(086) 246-0294
■印刷製本──モリモト印刷㈱
■Ｄ Ｔ Ｐ──林　雅子

ISBN978-4-86692-277-5